W0244785

Heinz Berggruen

ABENDSTUNDEN IN DEMOKRATIE

Mit acht farbigen
Reproduktionen von Bildern
Paul Klees aus der
Sammlung Berggruen

Rowohlt · Berlin

Durchgesehene Ausgabe des 1947 unter dem Titel
«Angekreidet. Ein Zeitbuch» im Rowohlt Verlag
erschienenen Bandes.

1. Auflage September 1998
Copyright © 1998 by
Rowohlt · Berlin Verlag GmbH, Berlin
Alle Rechte vorbehalten
Lektorat Karl Markus Michel
Umschlaggestaltung Walter Hellmann
Foto: Paul Klee «Die Zeit», 1933:
Bildarchiv Preußischer Kulturbesitz
Satz aus der Bodoni PostScript PageOne
Gesamtherstellung Clausen & Bosse, Leck
Printed in Germany
ISBN 3 87134 353 6

INHALT

In memoriam Inge Régnier

EIN PAAR WORTE IM VORAUS

«Zwölf kurze Jahre haben genügt,
Deutschland zugrunde zu richten.»
Erich Kästner, 1946

Die Glossen, die Sie hier lesen werden, habe ich vor fünfzig Jahren geschrieben, kurz nach dem Krieg. Heinrich Maria Ledig, der junge und dynamische Leiter des Rowohlt Verlages, einer der ersten, denen die Amerikaner eine Verlagslizenz gewährten, gab 1947 meinen Band *Angekreidet* heraus.

Papier war damals fast so selten wie Butter und Zigaretten, und so mußte man das Buch auf eine kleine Auflage beschränken, die rasch vergriffen war. 1000 Exemplare? 2000? Die Unterlagen fehlen. In den Jahren, die folgten, konnte man gelegentlich (und teuer) den Band auf einer Buchauktion ersteigern.

Ich selbst war 1946, als ich die Glossen zu schreiben anfing, einer der Herausgeber der illustrierten Wochenzeitschrift *Heute*. Das US-Außenministerium finanzierte uns. Wir hatten den Auftrag, die Entnazifizierung – ein häßliches Wort für einen sinnvollen Zweck – auf kulturellem Gebiet zu fördern. Ich war stolz auf meine Beiträge, die ich unter dem Titel «Angekreidet» zunächst in *Heute* veröffentlichte. Noch stolzer war ich, als Erich Kästner, der mit uns in der Redaktion saß, mir sanft auf die Schulter klopfte und sagte: «Nicht schlecht, mein Lieber, machen Sie weiter so.»

Es war, nach dem «Umbruch» von 1933, schon wieder eine Zeit, die man *Umbruch* nannte, so wie man ein halbes Jahrhundert später von der *Wende* sprach. Umbruch und Wende hatten gemeinsam, daß alles nicht mehr so wie früher war. Wie Hans Wallenberg, der Chefredakteur der *Neuen Zeitung*, in seiner Einleitung zu meinem Buch schrieb, war der Umbruch, unter anderm, eine Epoche von Schiebern, Opportunisten, Beflissenen, Dunkelmännern, Kuhhändlern, Sittenlosen, Heuchlern und Parasiten. Nach der Wende war es zwar anders, aber Parallelen gibt es auch: die Opportunisten und Parasiten sind keineswegs ausgestorben.

1945 und 1946 waren nicht nur die Jahre des Umbruchs, sondern auch des langsamen Aufbruchs. Die Menschen waren verwirrt, unsicher, halt- und kompaßlos, aber sie suchten festen Boden. Sie suchten eine Moral, die sie verloren hatten. Alles schien unsagbar schwierig und kompliziert. Wie bei Kafka war man verstrickt in unerträgliche Wirren, zumeist mit einer Verwaltung, die schwerfällig und schlecht gelaunt versuchte, ein Gehäuse aufzubauen, in dem man hoffte, sich frei bewegen zu können. Es brauchte Jahre, um die verrosteten Ketten abzustreifen, die das trostlose Erbe eines perversen und verbrecherischen Regimes waren.

Wie es in dieser unheiteren und in vieler Hinsicht gespenstischen Zeit unmittelbar nach dem Kriege zuging, habe ich «anzukreiden» versucht. Aus heutiger Sicht erscheint vieles unwirklich oder, um ein damals modisches Wort zu gebrauchen, surrealistisch. Ältere, eher würdig aussehende Leute, die sich ungeniert auf den Asphalt knieten, um Zigarettenstummel aufzulesen, die unbefangene Amis hochmütig aus ihren Jeeps warfen, das gehörte ebenso zum Straßenbild wie Hauswinkel, in denen Schwarzhändler zu exorbitanten Preisen gestohlene Lebensmittel aus US-Armeebeständen verschacherten.

Man ging mit sogenannten Persilscheinen zu den Spruchkammern. Parteigenossen stuften sich zu harmlosen Mitläufern herab. Die Arierparagraphen wollte keiner mehr kennen, und das Wort Kollektivschuld wurde eher vermieden. Man lebte (schlecht) mit einer Vergangenheit, die keiner wahrhaben wollte. Niemand sei «dabei» gewesen, war der tägliche Refrain. Jeder hatte plötzlich jüdische Freunde.

Es gibt keine Spruchkammern mehr und keine Entnazifizierung. Von «innerer Emigration» wird nicht mehr gesprochen, so wenig wie von Arier-paragraphen und von Kollektivschuld. Was ich damals schrieb oder vielmehr ankreidete, war als Nahaufnahme gedacht, ohne Retusche.

Berlin, Frühjahr 1998

Kleines Postscriptum. Daß bitte niemand frage, was die Klee-Illustrationen in diesem Kompendium «bedeuten» oder ob sie in einer (und welcher) Beziehung zu den Texten ständen. Sie sind nicht mehr, aber auch nicht weniger als Blumen auf dem Tisch oder dem Fenstersims, welche das Zimmer mit ihrer sanften Glut erhellen, dieweilen man die *Abendstunden in Demokratie* liest.
Das ist alles.

WIR, DIE KLEINEN LEUTE

«… lauter Kleinbürger und beflissene
Schüler des deutschen Wesens, wenn
nicht einfach seine unwissenden Er-
zeugnisse.»

Heinrich Mann,
« Es kommt der Tag »

Wir sind die kleinen Leute. Wir verbeugen uns
in der uns geziemenden Art, nicht höfisch
und auch nicht elegant. Wir verbeugen uns kurz
und ein wenig linkisch. Wir haben das so gelernt:
wenn man sich vorstellt, dann verbeugt man sich.
So tun wir's denn in unserer schlichten Weise, obwohl wir hier und da gehört haben, wir hätten es
vielleicht schon ein paarmal zu oft getan. Haben
wir's wirklich?

Ja, aber davon wollen wir gar nicht sprechen.
Wir wollen ja von uns sprechen, von uns, den kleinen Leuten. Wir waren schon immer da, aber wie
das nun einmal geht: entdeckt wurden wir erst
sehr spät. In der «Historie der kleinen Leute» werden wir erst nach dem Ersten Weltkrieg erwähnt.
Vorher waren wir das Volk, die Masse, der Plebs,
das Kleinbürgertum … Sie wissen schon. Dann
kamen ein paar sehr großzügige Menschen, die

sahen uns lange an und sagten: «Wie reizend. Der kleine Mann. Die kleinen Leute. Die Menschen, an denen die großen Geschehnisse» – bitte, das sind nicht unsere eigenen Worte, solche Worte kennen wir nicht – «vorbeirauschen. Die Geschichte des kleinen Mannes müßte man erzählen, das Herz der kleinen Leute müßte man ausschütten.»

So fing es an. Wir wurden populär. Es gab Romane, Theaterstücke und Filme über uns, und wir, die kleinen Leute, wurden mit jedem Tag berühmter. Unsere Konjunktur war gekommen. (Auch das ist eine Vokabel, die wir früher nicht kannten.) Man hätte meinen können, das Zeitalter der kleinen Leute sei angebrochen. Wir wurden ernst genommen. Man schrieb nicht nur über uns und drehte Filme, in denen wir traurig und resigniert (aber mit Herz) auf Vorstadtbänken saßen. Man tat viel mehr: man sprach zu uns. Man sagte: «Auf euch kommt es an, auf euch, die kleinen Leute.»

Na ja, da kam es eben auf uns an. Wir wählten, und wir gingen in die Partei. Und später sagten wir «Ja», sehr oft sagten wir «Ja» – was sollten wir auch tun? Denn jetzt muß noch etwas sehr Wichtiges bemerkt werden. Es ist schon richtig, daß man plötzlich mit uns rechnete; es stimmt schon, daß man uns ernst nahm. Aber deshalb blieben

Paul Klee, «Schwarzmagier»

14

wir doch die kleinen Leute. Einfluß, eigentlich, hatten wir ja nie – oder?

Und dann ist der große Kurzschluß gekommen, und der Himmler hat sich vergiftet, und der Bormann, dieser Ex-kleine-Mann, ist auch getürmt. Die Frauen der großen Bonzen (mein Gott, wie viele ehemalige kleine Leute sind dabei!) leben weiter an oberbayerischen Seen, und wir? Wir, die kleinen Leute, sind Neese, wie wir so schön unter uns kleinen Leuten sagen. Jetzt müssen wir schippen und Flüchtlinge aufnehmen, wo's doch ohnehin schon zu eng ist, und überhaupt.

Es ist eine Schande, wie man mit uns umgeht. Fragebogen und Spruchkammern und rein nichts wie Schwierigkeiten. Wir, die kleinen Leute, fragen in verstärktem Sprechchor: «Haben wir das verdient?»

Gewiß: unser Emil ging schon 34 in die SS, und eigentlich war die ganze Straße dabei, als damals den Juden die Geschäfte eingeworfen wurden, aber bitte schön: Wir sind doch nur die kleinen Leute, was konnten wir denn machen? Es sind doch die Großen, nur die Großen, die die Entscheidungen treffen und die Verordnungen erlassen und die Befehle geben und die sagen: «Du sollst ...» und «Du mußt ...» und «Du darfst nicht ...»

Wir haben nie entschieden und nie verordnet

und nie befohlen. Wir haben nur mitgeschrien und mitgejubelt, wir sind nur mitgelaufen und mitmarschiert – ist das so schlimm? Was haben wir denn von den KZs gewußt? Und wenn wir was wußten, konnten denn wir, die kleinen Leute, überhaupt den Mund aufmachen?

Man sollte doch vernünftig sein. Man hat uns doch früher immer so nett behandelt, man hat uns doch immer zugelächelt, uns so nett ermuntert und gesagt: «Ihr lieben kleinen Leute, nun macht mal fleißig mit. Wir werden schon dafür sorgen, daß ihr auf eure Kosten kommt.»

Ja, so war das früher, es ist noch gar nicht so lange her. Und jetzt auf einmal soll das aufhören? Ach, bitte: wir möchten so furchtbar gern wieder mitmachen, wir sehen ja alles ein, wir sind ja zu allem – ach Gott, nicht gerade zu allem, aber zu fast allem – bereit, und da will man uns nicht ranlassen, uns, die kleinen Leute?

Jetzt sind wir schon etwas heiser vom vielen Reden. So ein Sprechchor ist eine anstrengende Sache. Wenn Sie gestatten, verbeugen wir uns wieder, schlicht und bescheiden, wie es eben die kleinen Leute tun, und verschwinden.

Sehen Sie uns noch? Wie, bitte? Ganz winzig in der Entfernung, sagen Sie? Na ja, wir sind nun einmal kleine Leute.

Ganz kleine Leute.

*Statt, wie in anderen Orten üblich, lange Listen mit
den vom Gesetz zur Befreiung vom Nationalsozialismus
und Militarismus Erfaßten und Betroffenen zu ver-
öffentlichen, hat sich die Stadt Kassel die Arbeit
vereinfacht und eine kurze Liste der Nichtbetroffenen
ausgehängt.*

REDE AN DAS ALTER

«Mit scharfgespitztem Zeigefinger
weist ihr uns auf den neuen Pfad.»
Erich Kästner

Der Saal ist vollgepackt. Es ist ein sehr großer
Saal. Wir haben uns erkundigt: so einen Saal
nennt man ein Auditorium Maximum. Auch ist er
geheizt, der Saal, und sauber. Und nun fangen
die Zuhörer – aber sie hören doch gar nichts – zu
trampeln an. Der Vortragende betritt das Podium, ein älterer Herr. In einem dunklen Anzug
und mit einer Schleife vor der Hemdbrust. Sehr
ernst blickt er drein, dieser Herr, fast beküm-
mert, und nun hält er eine Rede.

Eine Rede an die Jugend. Feine Worte, kluge
Worte, wohlgesetzt. Es ist alles sehr feierlich, und
es greift ans Herz. Dieser Herr kann Reden hal-
ten. Die Worte sind schöne, reiche Ornamente.
«Auf euch», sagt er, «kommt es an. Auf euch, die
Jugend. Um euch sind Trümmer, vor euch das
Nichts, und dennoch: Wenn ihr wollt ... wenn ihr
zupackt ... wenn es euch ernst ist ...»

Was wollen wir? Der Herr auf dem Podium
weiß es. Eben formuliert er es. Und andere wissen

es. Oder sagen, sie wissen es. Sie schreiben es nieder in Pamphleten, zitieren Görres und Büchner und noch ein paar, deren Namen wir uns neulich einmal auf einen Zettel schrieben. Das war an einem Tag, an dem wir ehrgeizig waren. (Ehrgeizig, mein Gott! was heißt das eigentlich noch?) An diesem Tag also gingen wir in die Stadtbibliothek. Genauer: wir versuchten es. Als wir hinkamen, war sie geschlossen.

«Geöffnet werktags von 2 bis 4 Uhr», stand an der Tür. Es war Viertel nach vier.

Am nächsten Tag gingen wir wieder hin. «Wegen Kohlenmangels geschlossen.»

Eine Woche später versuchten wir es zum drittenmal. Es war ein warmer Tag.

«Bücher?» sagte die Bibliothekarin ärgerlich, «was für Bücher?»

«Büchner!» riefen wir zurück, «Büchner.»

Sie blätterte in einem Katalog, aber noch beim Blättern sagte sie: «Haben wir nicht!» Wo wohl der Herr auf dem Podium seine Literatur herbezieht?

Wir sind so bodenlos. Wie viele haben das eigentlich schon gemerkt? Die Trümmer um uns spüren wir längst nicht mehr. Aber daß kein Boden ist, wo wir hintreten, das merken wir bei jedem Schritt. Vielleicht gehört Mut dazu, mutlos zu sein. «Ihr dürft nicht resignieren», sagt der

Herr auf dem Podium, und seine Schleife auf der Hemdbrust schwingt wie das Pendel einer alten Uhr.

«Morgen», sagt er, «ist ein neuer Tag. Die Ideale, die wir, die Älteren, wissend und unwissend zerstörten, müßt ihr wieder aufbauen.» Wenn man jetzt Atem holt, ob einem wohl das Herz stehenbleibt?

Ihr seid nicht schuld, heißt es, und man breitet ein großes Tuch um uns, und auf dem Tuch steht: Amnestie. Das Tuch ist weiß, weiß wie die Unschuld, weiß wie ein Leinentuch. Wir tragen es, aber es wärmt uns nicht.

Morgen ist ein neuer Tag: köstliche Weisheit. Wir haben keine Angst vor morgen. Warum sollten wir auch? Wir haben verlernt, Angst zu haben. Wir haben so vieles verlernt, das meiste von dem wenigen, das wir je lernten. Verlernt haben wir, daß wir Helden sein müßten. Verlernt zu glauben, wir könnten die Welt erobern. Verlernt, daß Anstand und Wohlstand verwandt sind wie die beiden Wörter. Verlernt, der Erste zu sein, der Stärkste, der Tüchtigste. War der nicht tüchtig, der das Ritterkreuz bekam? Und der untüchtig, der sich beim Abhören fremder Sender ertappen ließ?

Jetzt treiben wir Schwarzhandel mit unseren Seelen. Wir verkaufen sie teuer. Da kann einer gerannt kommen und brüllen (wir kennen das Brüllen!): «Jungens, hier ist ein Ideal, kommt!» – da fragen wir nur müde: «Wieviel gibst du?» und schütteln den Kopf und sagen: «Zu wenig!»

Und manchmal sagen wir auch aus Bequemlichkeit «Ja» und geben unsere Seelen her, aber sie sind falsch, falsch wie Buttermarken ohne Wasserzeichen. Einlösen kann man für sie nichts.

Noch immer spricht der Herr auf dem Podium seine wohlgesetzten Worte. Noch immer hören wir, die Jugend, die keine ist, die Rede an die Jugend. Und wenn wir jetzt Beifall trampeln, was bedeutet das wohl?

Es bedeutet: sehr schön gesagt, gut formuliert, immer noch der Alte, verehrter Meister; wann dürfen wir mit Ihrem nächsten Entwicklungsroman rechnen? «Der nüchterne, graue Alltag erwartet euch, aber ihr, meine jungen Freunde, dürft nicht verzagen!» Verzagen kann man nur, wenn man zuvor entschlossen war.

In den Alltag gehen wir zurück, den er nüchtern und grau nennt. Vielleicht wird einer einmal eine Rede halten über die Resignation. Und über das Verzagen, statt über das Nichtverzagen.

Einst saßen wir bei einem Kartenspiel (wir spielen oft Karten, es ist ein guter Zeitvertreib und vorläufig noch keinen Einschränkungen ausgesetzt), da saß einer dabei, ein Fremder, wir nannten ihn den Besessenen. Er war eine Art Zauberer oder Taschenkünstler, oder wie man solche Menschen nennt. Er ließ die andern mischen und abheben und noch mal mischen und abheben (und das alles mit neuen Karten!), und dann sagte er: «Kreuz ist Trumpf!» und verteilte die Karten, und noch beim Verteilen rief er: «Keiner von euch hat einen Trumpf in der Hand. Die Trümpfe sind alle im Deck.»

Wir sahen in unsere Karten, und es stimmte. Wir sagten: «Großartig! Wie hast du das gemacht?»

Er aber, der ein gewiefter Junge war, entgegnete: «Daß ich es gemacht habe, das ist gar nichts. Aber daß ich es gesagt habe, das ist schon etwas.»

Nun ja, er war eben ein gewiefter Junge. Er sagte uns, daß wir keine Trümpfe in der Hand hielten, und wir fanden das großartig. Wir fanden es großartig, daß er es uns sagte. Der Alltag, an dem er es sagte, war weder nüchtern noch grau. Er war sehr aufregend.

Im Börsenblatt für den Deutschen Buchhandel *Nr. 17/18
vom 20. September 1946 erschien die folgende Anzeige:*

ÜBERPRÜFUNG von Romanen, Er-
zählungen und ähnlicher Literatur
auf Eignung in demokrat. Sinne
(Ausmerzung nazistischer und mili-
taristischer Tendenzen), sowie Be-
ratung und Umarbeitung f. Neu-
auflagen, auch Durcharbeitung von
Bibliotheken usw. übernimmt in
gewissenhafter Ausführung: Lekt.
Steinberg, Düsseldorf, Achenbach-
straße 9.

*Bei den Aufräumungsarbeiten in der Berliner
Reichskanzlei wurde ein Katalog der Bibliothek Hitlers
gefunden. Die Abenteuerliteratur ist mit 132 Bänden
vertreten, darunter das von Hitler bevorzugte Buch
«Der Letzte der Mohikaner», das er gewöhnlich einmal
im Jahr zu lesen pflegte. Die Werke Goethes fehlten.*

«Ich wünsche Deutschland Glück, daß jenes Schrift-
und Formelwesen allmählich zerfällt, daß das An-
sehen der Druckerpresse durch den Mißbrauch allmählich abnimmt, daß die Liebhaber dieses Unwe-
sens von den Zeitumständen mehr und mehr mit
Auswahl zu kaufen und, anstatt zu lesen, lieber zu
sprechen genötigt werden; was echtes Gold ist, wird
dennoch bestehn.»

Adam Müller, *«Vom Gespräch»* (1812)

Es handelt sich bei diesem Rezept um die Zubereitung des literarischen Kulturcocktails,
der als Wochenschrift, Halbmonatsschrift, Mo-
natsschrift, Zweimonatsschrift, Vierteljahrsschrift
und so weiter bis zur Sechsjahresschrift – eine
Schrift, die einmal in sechs Jahren und dann nie
wieder erscheint – serviert wird. Die Zubereitung
dieses Ersatzgetränks erfordert relativ wenig Zeit
und noch weniger Vorbereitung. Der Cocktail ist
garantiert schwach in seiner Wirkung, so daß er
auch in größeren Mengen verabfolgt werden kann,
ohne daß sich Nachwirkungen von irgendwelcher
Tragweite außer gelegentlicher Müdigkeit er-
geben.

Es handelt sich zunächst um die Wahl eines
schlagkräftigen Titels. Für den Titel kommen

verschiedene Themenkreise in Frage. Zu den beliebtesten gehört zur Zeit der Themenkreis Demokratie. Genannt werden: Die Aussprache. Das Zwiegespräch. Das Problem. Der Knoten. Der gordische Knoten. Das Hin und Her. Für und Wider. Pro et Contra. Warum? Warum nicht? Die Aussprache. Das Zwiegespräch. Und so weiter, wie gehabt..

Der zweite Themenkreis hat den Wiederaufbau zum Gegenstand. In Frage kommen: Frischer Westwind. Frischer Ostwind. (Je nach Zone.) Die Erneuerung. Die Ernüchterung. Das Kommende. Der Hoffnungsstrahl. Das Morgenrot. Der Holzweg. Der geclearte (sprich: geklierte) Weg. Munter voran! Morgen. Übermorgen. Überübermorgen.

Themenkreis drei sieht die Zeitschrift als ein Gefährt des Geistes an und verwendet sinnvoll die Nomenklatur der Fortbewegungsmittel. Zu nennen wären: Das Segelboot. Das Dampfschiff. Das Floß. Der Jeep (für die amerikanische Zone). Der Schlitten. Die Tragbahre. Das Untragbare.

Nach Wahl des Titels muß sofort ein Untertitel gewählt werden. Im Untertitel wird das ausgedrückt, was eigentlich im Titel stehen sollte. Eine Zeitschrift, die «Rakete» heißt, könnte leicht als

Paul Klee, «Brauende Hexen»

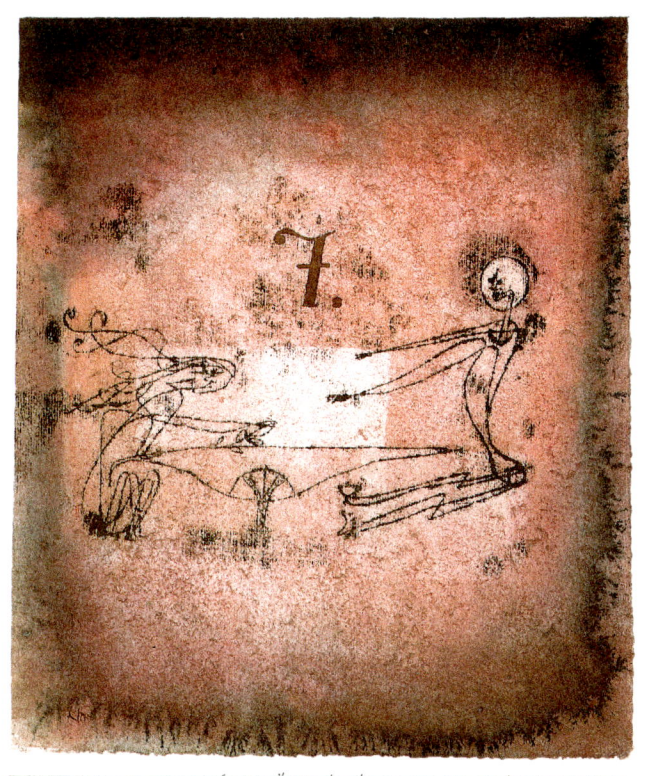

ein Fachblatt für Pyrotechniker angesehen werden. Daher soll man sagen: «Rakete – Feuerwerk des Geistes» oder, sich an die Leserschaft wendend: «Rakete, ein zündendes Organ für Zurück- und Junggebliebene.»

Noch empfehlenswerter ist vielleicht eine Verquickung der beiden Untertitel, etwa in dieser Form: «Knallbonbon. Eine neue deutsche Zeitschrift für Kultur, Kunst, entnazifizierte Menschen, das Heim, die junge Generation und die moderne Hausfrau. Mit englischem Sprachkurs.»

So. Und jetzt kommt das Problem der Herausgeber und Mitarbeiter. Der Herausgeber ist nicht sehr wichtig. Sein Name erscheint irgendwo in Nonpareille, also praktisch unlesbar, im Anzeigenteil. Voraussetzung ist, daß er eine Lizenz hat. Hat er eine, so mietet man ihn, wie man früher ein Klavier mietete.

Wichtiger sind die Mitarbeiter. Einen literarischen Cocktail zuzubereiten, ohne sich der bewährten Zutaten Wiechert, Reinhold Schneider, Kästner, Bergengruen, Hausmann und Hausenstein zu bedienen, bedeutet literarischen Selbstmord. Es empfiehlt sich, einen kurzen Brief zu verfassen, etwa folgenden Inhalts:

Sehr geehrter Herr Wiechert (bzw. Schneider, Kästner usw.)!

Wir möchten Ihnen kurz mitteilen, daß Sie soeben als fester Mitarbeiter der neuen literarischen Dreivierteljahreszeitschrift «Silberwolke» verpflichtet wurden. Eine Stellungnahme Ihrerseits ist nicht erwünscht. Originalbeiträge von Ihnen werden wir jeweils früher erschienenen, seither verbotenen, verbrannten und daher unbekannten Büchern von Ihnen entnehmen. Falls Sie nicht einverstanden sind, werden wir gegen Sie als aufbauwidrig polemisieren.

Mit literarischem Gruß

Redaktion «Silberwolke»

Einfach, nicht wahr? Sonst wäre eigentlich nichts mehr zu erwähnen. Ach ja, der Inhalt. Mein Gott, der Inhalt ergibt sich von selbst. Cocktails müssen geschüttelt werden, also schütteln Sie! Die Mischung bleibt doch dieselbe. Manche fangen mit einem Gedicht an (zum Beispiel: «Wenn wir den Krieg gewonnen hätten», einem neuen Gedicht von Erich Kästner), manche mit einem Leitartikel. Schlüsselworte für den Leitartikel sind: Aufgaben. Ziele. Die jungen Menschen. Besinnung. Besinnlichkeit. Bestandsaufnahme. Das Zukunftsträchtige. Die Kollektivschuld.

Nicht zu empfehlen, außer in Anführungszei-

chen, sind: Der germanische Mensch. Kameradschaft der Tat. Geopolitische Ziele. Nationales
Bewußtsein. Der totale Staat. Und noch einige
andere.

Kein Kulturcocktail sollte serviert werden ohne
einen Schuß leidenschaftliches Bekenntnis zur
modernen Kunst. Zu den reizvollsten Themen
gehören: «Caspar David Friedrich als Vorläufer
Picassos» (mit Abbildungen), «Der Existentialis-
mus auf der Leinwand» und «Hat der Kunsthi-
storiker Bruno E. Werner wirklich gelebt?»

Größere Aufsätze sollten sich mit originellen
Themen befassen wie: «Was wird aus der jungen
Generation?», «Föderalismus oder Foederalis-
mus» (eine philologische Betrachtung), «Meine
Erlebnisse in Dachau», «Weshalb ich nicht nach
Buchenwald kam», «Die junge Generation: was
wird aus ihr?», «Ernst Jünger und Thomas
Mann. Eine Abrechnung», «Amerika und wir»
sowie «Caspar David Friedrich als Vorläufer Pi-
cassos» (*ohne* Abbildungen).

Dann nicht die Würze vergessen. Hier und da
sollen schmucke Zitate aus klassisch-freiheit-
lichem Bestand eingestreut werden, die klipp und
klar beweisen, daß unsere besten Geister schon
immer dagegen waren. Bei Schiller steht zum Beispiel («Wallensteins Lager»):

> «Und wer's zum Korporal erst hat gebracht,
> Der steht auf der Leiter zur höchsten Macht»,

was sich allerdings nicht so sehr eignet. Ebenfalls nicht (vom selben Autor):

> «Liebe Freunde, es gab schönre Zeiten
> als die unsern, das ist nicht zu streiten.»

Aber wer geduldig im Büchmann blättert, wird – zumindest unter geflügelten Worten aus griechischen und lateinischen Schriftstellern – doch das eine oder andere finden, das sich selbst für den heutigen Gebrauch eignet. Bei dem weisen Lucilius (gestorben 103 vor Christus) steht zum Beispiel: «Quis leget haec? – Wer wird das Zeug lesen?»

Im Darmstädter Echo erschien folgende Anzeige: «Junge Dame, Büroangestellte, gibt Abendstunden in Demokratie nach sechs.»

In der Strafanstalt Ludwigsburg, in der Hauptbelastete des Dritten Reiches inhaftiert sind, kam durch das Ernährungsamt Ludwigsburg eine Sonderzuteilung von vier Zentnern Margarine und sieben Zentnern Käse zur Verteilung – mit der Begründung, daß dieses Quantum für eine Verteilung an die Bevölkerung zu minimal gewesen wäre.

«Eilboten, Briefe, Lügen, Grüßenlassen,
Geschwätz, Geschmeichel, leicht' und
schwere Fragen …»
Lope de Vega, *«Was tut die Zeit»*

Hochzuverehrender Herr Oberst!
Als alter Untergebener und Kampfkamerad
möchte ich nicht unterlassen, mich bei Ihnen aus
alliierter Gefangenschaft gehorsamst zurückzu-
melden. Bin jetzt wieder in der Nähe von Karlsruhe
ansässig und stehe Herrn Oberst jederzeit zur Verfügung. Herr Oberst brauchen bloß zu disponieren.
Respektvollst!

Schmidt
ehemals Hauptmann im II. Bataillon

P. S. Habe noch ein Paar Reithosen von Herrn
Oberst seinerzeit retten können. Werde mir erlau-
ben, selbige in den nächsten Tagen per Expreßgut
zu retournieren.

Sehr geehrter Herr Zack!
Das Lokal-Komitee Kampfbund Innere Emigration e. V. wendet sich mit diesem Schreiben an alle Ortsansässigen, die während der tragischen Nazijahre unter latenter Verfolgung zu leiden hatten. Ihr Name ist uns genannt worden als der eines möglichen Kandidaten: Sie seien zwar an der Aktion vom 20. Juli nicht beteiligt gewesen, der Führer habe aber wiederholt Ihre Beförderung zum Generalsrang auf Grund Ihrer Gesinnung abgelehnt. Das Lokal-Komitee Kampfbund Innere Emigration e. V. wird es sich angelegen sein lassen, für alle Arten von Vergünstigungen für seine Mitglieder zu sorgen. Ihrem baldigen Beitritt wird entgegengesehen.

Qualle, Mitgliederausschuß

Lieber Günter!
Vor vielen Jahren – wir waren beide noch junge Dachse – besprachen wir Pläne für die geistige Erneuerung unseres lieben Heimatlandes. Unsere Wege schieden sich dann bald, da Du auf die Kriegsschule in Potsdam geschickt wurdest. Deine militärische Karriere ist nun zu einem jähen Abschluß gekommen, und es würde mich nicht wundernehmen, wenn Du Dich nach einem neuen Wirkungskreis umsähest. In diesem Zu-

sammenhang möchte ich Dich kurz von der Gründung eines neuen Verlages, «Demokratische Erneuerung», unterrichten. Wie wäre es, wenn wir uns zwecks einer Besprechung in Frankfurt treffen würden? Wegen der Lizenz brauchst Du Dir keine Gedanken zu machen. Ich selbst bin unbelastet, und Du kannst ja vorerst mal im Hintergrund fungieren.

Deinem baldigen Bescheid entgegensehend, verbleibe ich mit freundlichen Grüßen

Dein alter Jugendfreund
Richard Schneeweiß

Herrn Günter Zack, hier.

RECHNUNG

Herr Oberzahlmeister Müller hat uns im Jahre 1944 Schaftleder zur Anfertigung von einem Paar Stiefel für Herrn Oberst Zack übersandt. Durch ein offensichtliches Versehen ist Begleichung seinerzeit nicht erfolgt. Wir bitten um Zusendung des Betrages.

Anfertigung von 1 Paar Schaftstiefel ... RM. 80,–

Schuhhaus «Export»
(früher Vereinigte Militär-Schuhwerkstätten)

Werter Herr Oberst!

Entschuldigen Sie die lange Verzögerung, daß ich Ihnen nicht vorher geschrieben habe, aber mit dem Schreiben das ist immer so eine Sache bei mir. Ich habe mit dem Schneider hier draußen gesprochen wegen der Offiziersuniform, die Sie eintauschen wollten, aber er sagt: Es ist zu schwer, einen Arbeitsanzug daraus zu machen, auch wenn er die Schulterstücke runternimmt. Es fällt doch auf. Ich hätte Ihnen ja gern den Speck und das andere, worüber wir sprachen, zukommen lassen, aber so geht das nun leider nicht, und Herr Oberst ich bitte vielmals zu entschuldigen. Die Uniform haben wir auf den Boden geschafft. Sie ist gut verpackt, und Herr Oberst kann sie sich jederzeit abholen.

Ihr getreuer Landwirt
Drehdich

Na, Herr Oberst!

Wie fühlen Se sich eijentlich als Zivil? Immer noch'n bißken unjewohnt. Oder? Janz ohne Lametta uff de Brust? Von Natur bin ick ja nich mißjünstig, aber det Se nu ooch bloß so'n abjebauter Militär sind mit ohne Pension, det tun meine Seele mächtig wohl. Wie oft hab ick Ihnen jefahren und bei mir jedacht: Emil, habe ick jedacht: det der man bloß nich erstarrt mit seine jefrorene Visage. Der reinste Eiszappen. Nur manchmal warn Se janz anders, wenn wa jelejentlich mal in so'n Jabo-Zauber rinzwitscherten. Da wurden Se denn käsebleich und schrien: «Schneller fahren!» und ick: «Jawoll, Herr Oberst!» – aber jewünscht hab ick, es würde nur so mittenmang knallen. Na, der Krieg is nu vorbei, und ick kann nur hoffen, det ick Ihnen janz zufällig wo treffe und Ihnen zeijen kann, wat ne persönlich kochende Volksseele is. Inzwischen schippen Se ruhig weiter, oder wat man Ihnen sonst uffjebrummt hat, ick hab keen Mitleid, det können Se nich valangen.

Emil Schulze
Ihr alter Fahrer

Eine neue Spezies des homo sapiens, der «tote Mit-
läufer», ist geschaffen worden. Parteigenossen, die
lange schon unter der Erde liegen, sollen post mortem
entnazifiziert werden. Die Witwen der verstorbenen
Pg's, soweit diese nachträglich zu bloßen Mitläufern
erklärt werden können, dürfen daraufhin Pensions-
ansprüche anmelden.

Wegen Überfüllung der Kliniken in Frankfurt am
Main mußte eine Frau ihr Kind außerhalb Frankfurts
zur Welt bringen. Bei der Rückkehr der Mutter nach
Frankfurt verlangte das Ernährungsamt eine
Zuzugsgenehmigung für den Säugling.

«Wer bey vorkommender Polizey-Nachsicht ohne
eine Aufenthaltskarte angetroffen wird, muß es sich
selbst zuschreiben, wenn er als ein unverbürgter
Mensch einer strengen Polizey-Untersuchung sich
unterziehen muß.»

Polizeinotiz der Stadt München, 1803

Der meldepflichtige Antragsteller Friedrich
Scheintot trat auf einen Mann zu, der hinter
einem kleinen Tischchen saß. Auf dem Tischchen
lag nichts weiter als ein Bogen und ein Bleistift.

Der Antragsteller Scheintot sagte: «Bitte
schön, wo komme ich hier zum Ausweisbüro?»

Der Mann hinter dem Tischchen deutete wort-
los auf ein Schild. Auf dem Schild stand:

> Ausweisbüro II. Stock links

Scheintot sah, wie der Mann mit dem Bleistift einen Strich auf dem Papier machte. Einen haar-
dünnen Strich, den er neben viele andere haar-
dünne Striche setzte.

«Was machen Sie da?» fragte Scheintot.

«Wir führen eine Statistik», sagte der Mann.
«Wir stellen fest, wieviel Leute nach dem Aus-

weisbüro fragen, obwohl ein Schild darüber Auskunft gibt, das nicht zu übersehen ist.»

«Und deshalb sitzen Sie hier?» fragte Scheintot.

«Sie haben hoffentlich nichts dagegen», antwortete der Mann. Dann holte er einen zweiten Zettel aus der Schublade, leckte den Kopierstift und setzte nun auch auf diese Liste ein Strichlein. «Dies ist eine zweite Statistik», sagte er, wobei er das Blatt wieder in der Schublade verschwinden ließ. «Hier notiere ich die Zahl derer, die mich über meine Tätigkeit befragen.»

Scheintot stieg die Treppe empor. Im zweiten Stock kam er zu einer Tür, an der stand: «Ausweisbüro.»

Er wollte die Tür öffnen, aber ein Mann in Uniform hielt ihn zurück.

«Haben Sie einen Ausweis?» fragte der Uniformierte.

«Sie belieben zu scherzen», antwortete Scheintot. «Ich habe viele Ausweise. Ich habe vielleicht zwanzig Ausweise. Welchen wollen Sie sehen?»

«Machen Sie sich nicht lustig über die Behörden», sagte der Mann in Uniform. «Sie wissen ganz genau, daß Sie einen Ausweis brauchen, um im Ausweisbüro vorgelassen zu werden. Sonst könnte ja jeder kommen.»

«Verzeihung, aber das wußte ich nicht», sagte

Scheintot müde, «ich dachte, das Ausweisbüro sei jedem zugänglich.»

«Ist es auch. Sie müssen aber wie jeder anständige Mensch den vorschriftsmäßigen Instanzenweg beschreiten.»

«Und wie mache ich das?» fragte Scheintot.

«Sehr einfach. Sie stellen einen Antrag für einen Ausweis im Antragsbüro für das Ausweisbüro, Zimmer 4 A – das ist im Nebengebäude. Wenn Sie Glück haben, dauert es nicht lange.»

«Und was nennen Sie Glück haben?»

«Vier Wochen. Es wird jetzt schneller gearbeitet.»

«Danke schön», sagte Scheintot. Er seufzte tief, wie man Atem holt, bevor man ins Wasser springt, und ging die Treppe hinunter.

Die Tür zu Zimmer 4 A im Nebengebäude war offen. Scheintot nahm seinen Hut ab und trat ein.

Ein Beamter, der, den Kopf tief in den Akten, am Fenster saß, bemerkte: «Haben Sie geklopft?»

«Nein», sagte Scheintot und trat wieder einen Schritt zurück.

«Unter zivilisierten Menschen ist es Sitte», fuhr der Beamte fort, «daß man anklopft, bevor man ein Amt betritt.»

Der Beamte hatte bisher noch nicht ein einziges Mal aufgeblickt.

«Die Tür stand offen», sagte Scheintot, «ich bitte um Verzeihung.»

«Sie hätten dennoch klopfen können», sagte der Beamte mit erhöhter Stimme. «Sie hätten zumindest gegen den Pfosten der Tür klopfen können. Übrigens, was führt Sie überhaupt her?»

«Ich möchte einen Antrag stellen. Einen Antrag für einen Ausweis, der mir den Zutritt zum Ausweisbüro gestattet.»

«Und warum halten Sie sich nicht an die Vorschriften?» brüllte der Beamte.

Er blickte auf, und der Antragsteller Friedrich Scheintot sah zum erstenmal das Gesicht des Mannes. Es war wie ein vergilbtes Formular: Die vielen Narben und Fältchen, die es durchschnitten, teilten es sorgfältig in Rubriken auf. Eingetragen waren eine dünne Nase mit kleinen grauen Härchen auf dem Rücken, sehr große Ohren, wässerige Austernaugen, fast keine Augenbrauen, ein kurzer, ausgefranster Schnurrbart, ein dünnlippiger Mund, kein Kinn und hervorstechende Backenknochen.

«Wir haben der Öffentlichkeit bekanntgegeben», schrie der Beamte, «daß Anträge nur auf schriftlichem Wege eingereicht werden dürfen.»

«Aber mein Fall ist dringlich», erwiderte Scheintot. «Ich habe eine Bescheinigung von der Prüfstelle für Dringlichkeitsanträge. Bitte sehr.»

Er trat an den Tisch des Beamten, holte seine Brieftasche aus dem Rock und nahm einen Schein heraus, den er dem Beamten vorlegte.

«Dreifach gestempelt», fügte er hinzu.

«Das sehe ich allein», sagte der Beamte, aber der Ton seiner Stimme hatte sich gemildert. «Sie sind sich darüber klar», fuhr er fort, «daß der Ausweisausweis, um den Sie sich bewerben wollen, nur in den allerseltensten Fällen ausgehändigt wird. Sie wissen, daß der Besitzer eines Ausweisausweises das Recht erwirkt hat, kraft dieses Überausweises keine anderen Ausweise mehr mit sich zu führen. Das ist natürlich eine ungeheure Vergünstigung.»

«Wer kommt überhaupt für einen Ausweisausweis in Frage?» erkundigte sich Scheintot, mit sehr viel Zuversicht in der Stimme.

Der Beamte sah ihn lange und durchdringend an. «Sie nicht, fürchte ich», sagte er schließlich. «Die Entscheidung liegt natürlich bei den höheren Stellen», und er machte eine Bewegung nach oben, wie wenn er eine überirdische Kraft anriefe. «Der Ausweisausweis ist vorläufig erst im experimentellen Stadium; er sieht den Ausweismenschen der Zukunft vor. Ausgehändigt wird er ohne Rücksicht auf Rang- und Standesunterschiede vorläufig nur denjenigen, die ihrem innersten Wesen nach dem Typ des Ausweismenschen, wie er uns vorschwebt, am nächsten kommen.»

«Und dürfte ich, bitte, nach der Definition fragen?» rief Scheintot.

«Nein!» Die Stimme des Beamten hatte wieder an Schärfe zugenommen. «Das dürfen Sie nicht. Ausweismenschen fragen nicht, sie antworten nur auf Fragen. Aus Ihren Bemerkungen geht eindeutig hervor, daß Sie für den Ausweisausweis nicht in Frage kommen. Ich werde Ihren Antrag, einen Antrag auf Zulassung zum Ausweisbüro stellen zu dürfen, nicht befürworten.»

Der Antragsteller Friedrich Scheintot machte eine Kehrtwendung und ging. Auf der Straße hielten ihn zwei Polizisten an: «Ihren Ausweis!»

Scheintot faßte in die innere Tasche seines Rockes. Sie war leer. Mit Entsetzen erinnerte er sich, daß er seine Brieftasche auf dem Tisch des Beamten hatte liegenlassen. Er begann, Erklärungen zu stammeln, aber die Polizisten unterbrachen ihn.

«Reden Sie keinen Unsinn», sagte der eine, «für was halten Sie uns? Jedes Kind weiß doch, daß Anträge auf Zutritt zum Ausweisbüro nur schriftlich gestellt werden dürfen und niemand im Antragszimmer zum Ausweisbüro persönlich vorsprechen darf. Das nächste Mal denken Sie sich gefälligst eine bessere Lüge aus. Kommen

Sie mit. Sie sind wegen Ausweislosigkeit verhaftet.»

Sie griffen Scheintot beim Kragen, aber er brach unter ihnen zusammen. Sich hastig zu ihm niederbeugend, vernahmen sie die Worte: «Mein Totenschein ist auch bei den Papieren.»

Dann kippte sein Kopf gegen das Pflaster.

Scheintot war tot.

Der «Eiserne Hindenburg», die Holzstatue des Generalfeldmarschalls von Hindenburg, die im Ersten Weltkrieg unter dem Motto «Gold gab ich für Eisen» benagelt wurde, um Geldmittel für die Kriegführung zu erhalten, wurde in einem Wald bei Berlin gefunden und während der letzten Kältewelle des Winters 46/47 verheizt.

Bei einer Enquête über den Maler Franz Marc, die die Neue Zeitung in einer Münchener Galerie veranstaltete, gab ein Student auf die Frage «Was sagen Sie dazu, daß in New York kürzlich ein Bild von Marc für 8000 Dollar verkauft wurde?» die Antwort: «Wenn Marc noch lebte, bekäme er dafür 800 CARE-Pakete und könnte einen Teil auf dem Schwarzen Markt verkaufen.»

DEFREGGER, MARC UND DAS VAKUUM DER SEELE

«Oh, wie sind die Zuschauer so glücklich! Sie dünken sich so klug; sie finden sich was Recht's. So auch die Liebhaber, die Kenner. Man glaubt nicht, was das ein behaglich Volk, indes der Künstler immer kleinlaut bleibt. Ich habe aber auch neuerdings einen Ekel, jemanden urteilen zu hören, der nicht selbst arbeitet, daß ich es nicht ausdrücken kann.»

Goethe, *«Italienische Reise»*

Ja, sagen Sie mal, Herr Professor, sieht man Sie auch wieder! Wir dachten, Sie seien noch evakuiert.»

«Evakuiert! Evakuiert! Man muß doch endlich mal wieder unter Menschen kommen. Und meine Arbeit schreit förmlich nach mir.»

«Ihre Spitzweg-Studien?»

«Spitzweg ist passé, ich bitte Sie! Wer interessiert sich heute noch für Spitzweg! Abgestandene Romantik. Außerdem viel zu deutsch im Moment.»

«Aber Sie waren doch ein so großer Verehrer der deutschen Romantik.»

«Man ändert sich. Man emanzipiert sich. Man überwindet. Die Ästhetik, meine Gnädigste, ist etwas Lebendiges, Kunst läßt sich nicht einzäunen und beschränken. Zur Zeit befasse ich mich mit den Modernen.»

«Den Modernen?»

«Den Ultra-Modernen, sollte ich sagen. Haben Sie nicht gelesen: Ich bin gerade in den Arbeitsausschuß des ‹Vereins für extreme Kunst› gewählt worden.»

«Wie interessant! Erzählen Sie.»

«Ach Gott, man tut, was man kann. Im Augenblick haben wir uns ganz auf die Abstrakten geworfen. Es ist die Konjunktur. Unerhört ergiebig.»

«Sie meinen also, auch die Kunst sei Moden und Konjunkturen unterworfen?»

«Die Kunst, meine Verehrteste, ist frei. Die Kunst kennt keine Moden. Im Moment betonen wir das Abstrakte, weil das ganze Schwergewicht unseres Lebens sich ins Abstrakte verlagert hat. Wir lösen uns von der Materie, vom Gegenständlichen. Wir finden neue Visionen in einer Welt von Formen und Farben, die sich selbst genügen. Verstehen Sie das?»

«Nicht ganz.»

«Um so besser. Denn das gerade ist das Geheimnis: daß man das Wesenseigene der neuen Kunst suchen muß, daß man es nicht ohne weiteres erfaßt. Glauben Sie mir, es ist unerhört erregend, wir sind alle zutiefst aufgewühlt.»

«Herr Professor, Sie faszinieren mich. Aber ist das denn etwas ganz Neues? Vor zwanzig Jahren, als ich zum erstenmal in ihre Vorlesungen ging – das war lange, bevor Sie sich auf Spitzweg und Defregger konzentrierten –, entflammten Sie unsere jungen Gemüter mit dem Werk der Entarteten . . .»

«Sprechen Sie dieses Wort nicht aus, Unselige!»

«Aber Sie selbst gebrauchten es doch – nicht damals, aber zehn Jahre später. Sie sagten, Marc sei ein Degenerierter, der im Veitstanz der Farbe sich totgerannt habe, und jemand, dessen Name wie der Kandinskys auf -insky ende, sei eo ipso zum Börsianer und Pelzhändler prädestiniert, nicht aber zu einem, den der Funke des Allmächtigen . . .»

«Hören Sie auf, meine Dame, sprechen Sie nicht weiter, Dilettantin, die Sie sind! Sie haben mich total mißverstanden.»

«Aber es waren doch Ihre eigenen Worte. Ich kann Ihnen noch jetzt die Kollegbücher zeigen.»

«Ich erinnere mich nicht. Ich weiß nur, daß es jetzt wieder um das Abstrakte geht, um köstliche Kreise und Quadrate, die ‹Mondnacht› heißen und ‹Verstecktes Liebesspiel›. Es ist der große, gewaltige, vom Kontrollrat gebilligte Schrei des Tages: Abstrakt! Abstrakt! Abstrakt!»

«Und wann wird die erste Ausstellung Ihres ‹Vereins für extreme Kunst› eröffnet?»

«In vierzehn Tagen. Es wird eine Sensation werden. Wir werden den Kunstsachverständigen unserer Siegermächte schlagartig beweisen, wie wir mit Pinsel und Griffel bereit sind, an der künstlerischen Front für die schöpferische Neuerziehung unseres armen irregeführten und verwirrten Volkes zu kämpfen. Kein Bild wird in dieser Ausstellung zu sehen sein, dessen Inhalt sich erkennen oder erklären läßt. Manche Bilder – bitte, bedenken Sie die Kühnheit unserer Pläne – werden mit der bemalten Leinwand gegen die Wand hängen, so daß man, von rückwärts betrachtend, sie nur erahnen kann. Die Ausstellung wird einhundertvierzig Gemälde umfassen, darunter mehrere, welche die Besucher unter meiner inspirativen Anleitung an Ort und Stelle malen werden.»

«Herr Professor, das klingt toll originell. Wie werden Sie das nur machen?»

«Ganz einfach. Jeder dreißigste Besucher, ob Mann, Frau oder Kind, rheumatisch oder Linkshänder, wird vor eine Staffelei geschleppt, bekommt die Augen verbunden und einen Pinsel in die Hand. In dreißig Minuten wird ihm Gelegenheit geboten werden, in dieser intuitiven Kompositionsorgie seinen Beitrag für die kulturelle Erneuerung und die seelische Abtragung der Kollektivschuld unseres Volkes zu leisten.»

«Und Sie meinen, das wird klappen?»

«Das *muß* klappen. Die Kunst ist aus dem Bürgerlich-Formalen herausgewachsen. Ein neuerer, freierer Geist regt sich. Das Gegenständliche gehört ins Wachsfigurenkabinett. Franz Marc, den Sie vorhin erwähnt haben, ist längst überholt. Jugendstil. Wandervogel. Sentimentale Verkleisterung. Was malte er schon? Blaue Pferde. Eine rote Kuh. Wieso überhaupt Pferde malen oder eine Kuh?»

«Wie aufregend! Wie entsetzlich aufregend! Und vor allem: wie originell, Herr Professor!»

«Sie schmeicheln mir, Verehrteste. Man tut halt, was man kann. Wenn es am Konkreten fehlt, an der Substanz gewissermaßen, muß man in die Abstraktion hinein sublimieren. Das ist doch logisch.»

«Hinreißend logisch, Herr Professor. Ich sehe schon, wie sich die Kunstbeflissenen förmlich verbeißen werden in eine Darstellung, die ‹Schale mit Früchten› heißt. Und dabei wird man nur grüne und rote Linien und hier und da ein paar blasse Pünktchen sehen.»

«Ganz richtig. Sie haben es gut erfaßt. Sie waren ja auch schon in meinem Defregger-Kurs eine meiner begabtesten Hörerinnen. Und, bitte, kommen Sie zu unserer Eröffnung, ich werde selbst die Einführungsworte sprechen! Über das Abstrakte als das Vakuum der Seele. Ein bißchen ungewöhnlich als Thema, aber sehr aktuell. Und nebenbei gesagt: mit Defregger werde ich gründlich aufräumen.»

*Kinder in Kiel spielten in der elterlichen Wohnung
«Nürnberger Prozeß». Ein Kind wurde dabei
aufgehängt. Einem Bericht der britischen Armee-
zeitung* News Guardian *zufolge blieben sofort
unternommene Wiederbelebungsversuche erfolglos. –
Am gleichen Tage wurde in Gschwend bei Stuttgart
ein Mann verhaftet, der in voller Uniform eines
SS-Oberstleutnants auf der Straße spazierenging.
Der Mann wurde auf seinen Geisteszustand untersucht.*

«Dieses Buch wurde mit heißer Liebe und schwerer Sorge um Dein Schicksal und das unseres Volkes geschrieben – deutsche Jugend! Um Deinetwillen … sollen Dir die Sünden Deiner Väter und Großväter … schonungslos und mit dem Zorn eines Patrioten dargestellt werden …»

Rudolf Degkwitz im Vorwort zu
«Das alte und das neue Deutschland»

«In der Voraussicht einer solchen Reaktion habe ich das vorliegende Buch Dir gewidmet, deutsche Jugend, und Dir mit dem Zorne eines Patrioten … die Sünden Deiner Väter und Großväter geschildert.»

Rudolf Degkwitz im Nachwort zu
«Das alte und das neue Deutschland»

Zu dem soeben erschienenen Band «Wir sind alle schuld, auch Du! – Eine Analyse des deutschen Schicksals» möchte der Verlag auf die ungewöhnlichen Umstände hinweisen, unter denen das Werk geschrieben wurde. Mit allem Nachdruck muß zunächst betont werden, daß diese gründliche und scharfe Abtrennung mit den Ursachen der Schreckensherrschaft von 33 bis 45 noch *während* dieser Zeit, nämlich im harten Winter 1942/43, verfaßt wurde, und zwar – wörtlich – unter den Augen der Gestapo. Der Autor hatte aus Tarnungsgründen einen bescheidenen

Posten beim Reichssicherheitshauptamt angenommen, und während er auf dem Schreibtisch
offizielle Arbeit Staub ansammeln ließ, arbeitete
er unter dem Schreibtisch unermüdlich und allen
Gefahren zum Trotz an seinem aufklärerischen
Werk.

Mit Fug weist er in seiner Einleitung darauf
hin, daß die niederträchtige Goebbels-Propagan-
dahöllenmaschine immer wieder das abgedro-
schene Schlagwort von den «Juden und Radfahrern», die an allem schuld seien, gepredigt habe.
Nicht nur wird in dem Werk des Autors, das er
schlicht «Den Opfern!» gewidmet hat, gründlich
mit solcher Vulgärpropaganda aufgeräumt, sondern es wird schlagartig bewiesen, daß von Martin Luther bis zu Adolf Hitler sich der rote Faden
des Zerstörerischen unheilvoll durch die in Blut
getauchte deutsche Geschichte zwängt. Gerade
jene sogenannten Helden, die besonders schuldig
gesprochen werden müssen im Zusammenhang
mit der tragischen Entwicklung Deutschlands,
stellt der Verfasser mit meisterhaftem histori-
schen Verständnis als die wahren Frevler am
deutschen Volke an den Pranger.

Ganz vorne steht da natürlich Friedrich II. von
Preußen, den ein wahnwitziger Heroisierungs-
drang zum «Großen» zu stempeln versucht hat.
In der friderizianischen Tradition, beweist uns

der Autor, liegen die Keime des Nationalsozia-
limus. Daß dieser machiavellische Menschen-
schinder behauptet habe, jeder könne in seinem
Staat «nach seiner Façon selig werden», daß er
ferner für die aufklärerischen Ideen des Franzo-
sen Voltaire ein offenes Ohr gehabt und überhaupt sich einer intensiven Förderung der Künste
befleißigt habe, wird vom Verfasser mit überzeu-
gendem Geschick angezweifelt bzw. unerwähnt
gelassen. Zudem wird all dies durch die Tatsache
überdeckt, daß dieser Mann, ein Hitler des
18. Jahrhunderts, aus eitler Machtgier heraus blu-
tigste Kriege entfesselte, ohne jegliche Rücksicht-
nahme auf das Wohl des einzelnen. Konnte denn
der Verfasser einen eindeutigeren Beweis für die
nationalsozialistische Gesinnung dieses machtbe-
sessenen Absolutisten liefern als die Tatsache,
daß Friedrich, genau wie jener unselige spätere
Führer, ein fanatischer Pflanzen- und Teppich-
fresser war! (Siehe Kapitel VII: Der «große»
König privat.)

Doch genug davon. Ein paar abschließende
Worte unserer Einführung sollen auf den zweiten
symbolischen Blutordensträger der Bewegung
hinweisen, nämlich den sogenannten «Eisernen
Kanzler». Während des Verfassers Kollegen im

Paul Klee, «Der große Kaiser reitet in den Krieg»

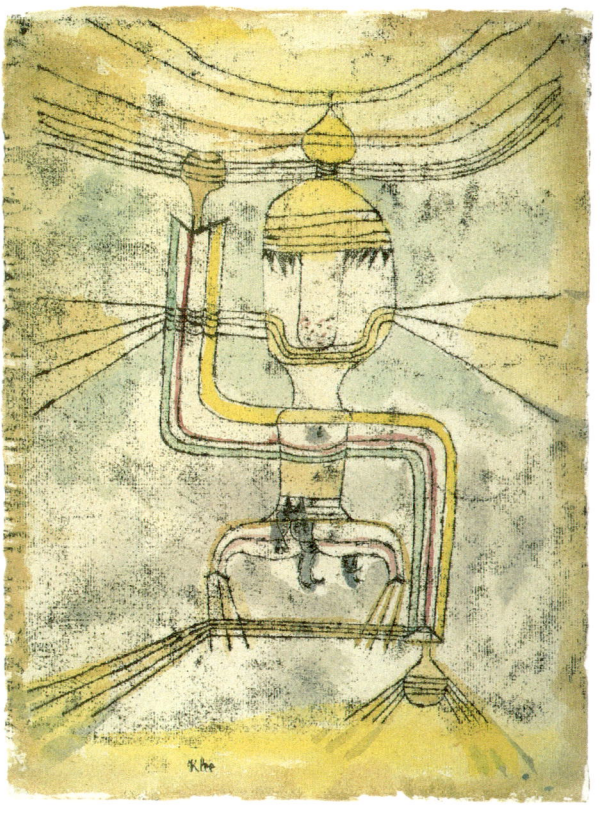

Klee

19 XVII/173   Der grosse Kaiser reitet in den Krieg

Reichssicherheitshauptamt in sturer Dienstbeflissenheit alles daransetzten, um ihren kriegsverbrecherischen Vorgesetzten die Schlächtersarbeit zu erleichtern, hat der Autor des vorliegenden Werkes sich unter Lebensgefahr in Privatarchive eingeschlichen, in denen er bisher unveröffentlichtes Material aus den Akten des deutschen Kanzlers fand, das wahrhaft Bände spricht.

Die Blut- und Eisenpolitik, die der «Held» des Zweiten Reiches führte, unterschied sich in keiner Weise von der jeglicher Verantwortung baren Linie, die von dem Kanzler des Dritten Reiches eingeschlagen wurde. Wir wollen in dieser kleinen Einleitung nichts von den sensationellen Enthüllungen des Autors vorwegnehmen. Aber klipp und eindeutig steht jetzt fest, welche verhängnisvolle Einbahnstrecke der deutsche Hase lief. Wie Schuppen wird es den Lesern von den Augen fallen: Es waren Luther, Friedrich II. und Bismarck, umgeben und gefolgt von einem Schwarm törichter Verführter, die den Weg zur deutschen Katastrophe geebnet haben. Was einst den Juden und Radfahrern zu Unrecht in die Schuhe geschoben wurde, gehört heute in die gespornten Schaftstiefel dieser Herren.

Wahrhaftig, wir können uns nur zu glücklich preisen, daß es immer noch einsichtsvolle und tiefschürfende Geschichtsforscher wie den Autor des vorliegenden Bandes gibt, die, ohne Phrasen zu dreschen und sich in spielerische Metaphern zu versteigen, mit dem von Arbeit gekrümmten Finger der Gradheit auf jene wunde Stelle weisen, wo der Schuh der Schuld, jener gespornte Schaftstiefel der deutschen Kollektivsünde, am meisten drückt.

*Franz Haselmeyer-Odenbach aus Berlin-Dahlem
wurde wegen Fragebogenfälschung zu fünf Jahren
Gefängnis und 25 000 Mark Geldstrafe verurteilt.
Er hatte vergessen, daß er Mitglied der NSDAP
und 1925/26 Gauführer der Partei in Hessen
gewesen war.*

*Der ehemalige Oberbürgermeister von Ingolstadt,
Dr. Listl, wurde von der Spruchkammer entlastet.
23 von den 25 Entlastungszeugen waren ehemalige
Pg's.*

WIE BEI H. G. WELLS

«Der amerikanische Professor Hans Berger erfand
ein Elektroenzephalogramm, einen Papierstreifen,
auf dem man die Vorgänge im menschlichen Hirn
aufnehmen kann.»

Notiz in der *Neuen Zeitung*

Jetzt ist Schluß. Jetzt bin ich fertig. Jetzt nehme
ich meinen Hut und gehe! Meinen Hut – ein
Witz! Wenn ich wenigstens noch einen anständi-
gen hätte. Aber es gibt ja nichts, man kriegt ja
nicht mal mehr ein paar Schnürsenkel, ein paar
ganz ordinäre Riemen, daß einem die Schuhe
nicht von den Füßen rutschen. Und ich will meinen Hut nehmen, den ich nicht besitze, und gehn?

Aber einpacken tu ich. Wo ist der nächste
Nachkriegsbunker? Wo kann sich ein anständiger Mensch – jawohl, ich bin ein anständiger
Mensch, ist mir ganz egal, was die andern denken –, wo kann sich ein anständiger Mensch noch
verkriechen? Die Atombombe, dachte ich in meinem infantilen Gemüt, sei die schlimmste Erfindung. Aber was ist die Atombombe gegen dieses
neue teuflische Gerät, die Seelendurchleuch-
tungsmaschine!

«Die Atomisierung des Ichs» steht schwülstig

in der Zeitung. Wie schützt man sich gegen so was? Ich sehe schwarz. Ich sehe sehr schwarz. Bisher wurde man ja nur von außen angeleuchtet: «Wie heißen Sie? Wo kommen Sie her? Waren Sie bei der Partei? Was haben Sie am 9. November 1938 getan?»

Alles schön und gut. Entweder so oder so. Bei mir, Gott sei Dank, glatte Rechnung. Nothing to worry, wie die Amerikaner sagen. Aber wenn die jetzt mit dieser neuen Erfindung nach innen leuchten, heiliger Rosenberg, da kann einem schon was passieren.

«Wie stehen Sie zum Nationalsozialismus?» Auf'm Papier – okay. Nie bei der Partei, nur kurz mal NSKK. Sonst schlicht Deutsche Arbeitsfront. Typischer Fall von weißer Weste.

Aber mit der Durchleuchtungsmaschine, da wird einem schon ganz anders. «Wie stehen Sie zum Nationalsozialismus?» – Ob man seine Gefühle zudecken kann? Aber diese verflixte Maschine soll ja wie ein Röntgenapparat sein. Was nützt das einem, wenn man sich selber jeden Abend beim Schlafengehen vorquasselt: Ich war immer dagegen. Ich war immer dagegen. Ich war immer dagegen. – Die Wahrheit ...

Mein Gott, die Wahrheit. Es war schon eine tolle Bewegung, da war Schwung in der ganzen Sache. Unternehmungsgeist, Draufgängertum,

Idealismus, jawohl: Idealismus, da schlug einem das Herz dreimal so hoch, wenn man unsere Jungs vorbeimarschieren sah, die Fahne hoch, die Reihen fest geschlossen, schön war's, und wenn wir durchgehalten hätten, was würden wir alle für ein Leben führen! Der Göring, das war ein Mordskerl, ein barocker Lebenskünstler, ein Genießer, ein konsequenter Pillenschlucker bis zum Schluß. «Die Nürnberger hängen mich nicht, sie hätten mich denn.» Großartig.

Und der Führer? Der Mann, der sich ruck-zuck vom einfachen Gefreiten in den deutschen Olymp emporschwang, das soll ihm mal einer nachmachen. Jetzt haben die anderen alle gut reden, vom Verführer und so, das einzige, was sie ihm übelnehmen – das einzige, was *ich* ihm übelnehme: daß er's nicht geschafft hat.

Unsinn, ich bin kein getarnter Nazi, mir ist im Grunde alles egal, solange man wieder Devisen bekommt, um in die Schweiz zu reisen, und sicher ist, daß einem seine Villa nicht weggenommen wird. Aber wenn die mit der Durchleuchtungsmaschine auf mich zukommen: «Herr Durchschnitt, wir machen jetzt mal eine Aufnahme, bitte, recht freundlich, dauert nur fünf Minuten, Sie brauchen auch weiter gar nicht stillzusitzen, danke schön, schon fertig, nächste Woche kriegen Sie Bescheid» – Kinder, da bin ich

63

fertig, da könnt ihr mich in alte Wellpappe einrollen und weg.

Den Göring bewunderte ich, und der Führer imponierte mir. Und wenn's wieder Krieg gibt, na schön, dann gibt's eben wieder Krieg. Wir sind ja doch die besten Soldaten. Alles verwerfliche Gedanken, nehme ich an, sehr unerwünscht, wie die Juden früher. Juden unerwünscht – bei mir heute noch.

Also Antisemit auch noch. Wenn die Durchleuchtungsmaschine nicht vor Entsetzen auseinanderbricht, wenn die mit mir fertig sind, dann weiß ich nicht. Das wird eine Seelenbestrahlung geben, an der wird aber auch alles dran sein. Nationalist. Antisemit. Militarist. An mir fehlt nichts. Die einzige Hoffnung, die bleibt: daß die Maschine nur gelegentlich, also bei Ausnahmefällen, angewandt wird. Aber wer garantiert einem, daß man nicht plötzlich ein Ausnahmefall wird?

Ich sehe mich beim Militärgouverneur zum Gabelfrühstück. Wir spülen die frischen Eier und den Speck mit Sekt runter. Wir toasten uns zu. Ich sage: «Nie ging es uns so gut, Herr Gouverneur, wie seit Sie da sind. Ich habe immer schon eine Schwäche für Besetzung gehabt. Sie, Herr Gouverneur, sind erste Besetzung, ganz große Klasse» – in dieser Tour, und auf einmal sagt der Gouverneur zu mir, daß mir vor Schreck die Havanna auf den Teppich fällt: «Im übrigen habe ich eine kleine Überraschung für Sie, mein lieber Durchschnitt: Sie sollen der erste in meinem Wirkungsbereich sein, von dem wir eine Seelenaufnahme machen. Wie gefällt Ihnen das?»

«Großartig», sage ich und breche in einen hysterischen Lachkrampf aus. «Unerhört witziger Einfall.»

Die Schweißperlen rollen mir von der Stirn. «Heiß ist es, Herr Gouverneur, wahnsinnig heiß.»

«Das liegt an der Maschine», sagt er, «die hat schon vor ein paar Minuten angefangen.» Und lächelnd fügt er hinzu: «Es ist nämlich eine unsichtbare Maschine, genau wie bei H. G. Wells.»

Und ich ganz fieberhaft in mich hinein: Hoffentlich habe ich bloß nichts Gutes über die Nazis gedacht … und hoffentlich nichts Schlechtes über die Juden – aber es ist schon zu spät, und ändern kann ich doch nichts mehr …

Ja, so ungefähr wird das sein, eine Katastrophe wird es sein. Durch die Spruchkammer bin ich glücklich durch, die zwanzig Mille Sühne sind längst bezahlt, und jetzt hat man immer noch nicht seine Ruhe. Eigentlich ist das ungerecht, da halte ich es ganz mit den Parteigenossen …

Mit den Parteigenossen? Um Himmels willen – ich muß jetzt wirklich endlich meine Einstellung ändern!

Der dreijährige Sohn eines Münchener Studienrates verschluckte beim Spielen ein Parteiabzeichen. Als er sich am nächsten Tag selbst wieder «säuberte», sagte sein Vater: «Wenn's nur bei mir auch so einfach ginge.»

KAMMER-SPRÜCHE

«Auf einen Kehricht stellt
Er seine Schelmenfüße
Und zischelt seine Grüße
In die verblüffte Welt.»
Gottfried Keller

Sehr geehrter Herr Mister Silbermann!
Sie werden sich sicherlich wundern, nach den vielen schweren Jahren der Trennung wieder von uns zu hören. Das kam so: Bei uns im Ort sind nämlich Amerikaner einquartiert, es sind besonders liebenswürdige junge Menschen, ganz famose Burschen; meine Frau und ich haben sie natürlich seinerzeit bei der Befreiung gleich mit offenen Armen empfangen, und der eine Herr, ein Obergefreiter, war so freundlich, durch seine werten Eltern, die auch in New York wohnen, Ihre werte Adresse ausfindig zu machen, und da habe ich gleich zu meiner Frau gesagt, jetzt schreiben wir unserem lieben Mister Silbermann, denn wir haben die ganzen Jahre durch immer an Sie gedacht und uns gefragt, was ist wohl aus unserm lieben Herrn Silbermann geworden. Die Sorge um Sie und Ihre werten Angehörigen war uns immer ein großer Stein auf dem Herzen in dieser

schrecklichen Zeit, und wir haben oft zueinander gesagt: Wenn nur unserem Herrn Silbermann nichts passiert ist.

Daß ich das so frei und offen schreibe, werden Sie mir sicher nicht verübeln, denn Sie kennen ja meine Gesinnung und auch die meiner Frau und wissen, daß wir uns frei zu Ihnen bekannt haben. Als ich damals der SA beitrat, da sprach ich ja noch mit Ihnen, weil Sie doch unser Anwalt waren, und ich sagte Ihnen gleich, ich trete nur der Form halber bei, weil mein Konkurrent von der Großschleimheimer Mühle auch bei der SA war, und der Existenzkampf war schwierig genug, wo doch die zweite Hypothek auf dem neuen Haus schon längst fällig war. Jetzt ist es leicht, die Hand aufs Herz zu legen und Stein und Bein zu schwören, daß man nicht mitgemacht hat. Und es ist ein schlechtes Zeugnis für unsere Schleimheimer, die doch alle in der Partei waren, nun hinzulaufen zur Militärregierung und zu jammern und sich reinwaschen zu wollen, aber wir, meine Frau und ich, wir haben das ja nicht nötig, denn unsere untadelige Gesinnung hat jeder gekannt. Wir waren doch Ihre engsten Freunde, lieber Herr Silbermann, und haben Ihnen außerdem noch allerhand Bücher aus der Kanzlei gerettet; der Stempel «NS-

Paul Klee, «Arlequin auf der Brücke»

1920/164 Arlequin auf c/er Brücke

Kreisbücherei» schadet ja weiter nicht, das haben wir nur so gemacht, damit die Sachen nicht wegkamen und verbrannt wurden, dafür werden Sie voll und ganz Verständnis haben. Die Hauptsache, die schönen Werke sind gerettet, und die Stempel lassen sich ja auch leicht entfernen.

Ihre Kanzlei hat damals der Dr. Stecher übernommen, das war ein ganz verbissener Parteigenosse, und er hat uns alle reingelegt. Ich stand nie gut mit ihm, denn er sagte mir, daß Sie und ich gut bekannt wären, und obwohl ich ihm beteuerte, daß ich ja nur aus geschäftlichen Verzeihen Sie das Durchgestrichene, aber meine Frau, die über die Schulter mitliest, meint, das führe zu weit, und wieso soll man Sie, sehr verehrter Mister Silbermann, mit all dem belästigen, es ist ja nun vorbei, und Dr. Stecher ist inzwischen verhaftet worden. Aber meine Frau meint, ich soll Ihnen unbedingt mitteilen, wie sehr sie sich in der NS-Frauenschaft, in die sie ja mit rein mußte, für unsere armen nichtarischen Glaubensgenossen eingesetzt hat. Meine Frau hat immer eine untadelige Gesinnung gehabt, das geht schon daraus hervor, daß sie bis zum Schluß noch den Kindern aus dem ersten Teil der Heiligen Schrift vorlas, und zwar aus *Ihrem* Exemplar, und das ist doch gewissermaßen der jüdische Teil und wurde eigentlich genauso scheel angesehen wie das Schwarzhören.

Doch nun möchte ich gleich zum Thema kommen, denn ich weiß, Ihre Zeit ist kostbar. Sie waren ja immer schon ein vielbeschäftigter Anwalt, und ich will Sie auch weiter gar nicht belästigen. Aber als alter SA-Mann habe ich nun die Aufforderung bekommen, mich bei der Spruchkammer zu melden, und davon wollte ich Ihnen kurz schreiben. Sie werden sicher schon davon gelesen haben, es ist eigentlich eine reine Formalität mit unsern Spruchkammern, es ist wegen der Einstufung, weil wir Deutsche laut Beschluß alle eingestuft werden sollen. Und auch meine Frau muß hin, denn sie war doch bei der Frauenschaft, wenn auch lediglich aus sozialem Interesse, aber das weiß ja jeder. Nun ist es so, je mehr Leumundszeugnisse man mitbringt, um so besser. Die bösen Zungen nennen es Persilscheine wegen dem Reinwaschen, aber das ist natürlich ein ganz unzutreffender Ausdruck in unserm Fall, denn unsere Gesinnung war nie schmutzig, und da gibt es nichts reinzuwaschen. Es ist nur leider so, daß so viele Denunzianten herumlaufen, und wenn Sie da, lieber Mister Silbermann, ein gutes Wort einlegen würden, dann wäre das alles gleich mit einem Schlag erledigt. Vor allem als Amerikaner gilt Ihr Wort da sehr viel, denn die Amerikaner, die uns befreit haben, haben das ja selber alles zum Teil angeordnet. Ich muß das Ganze Ihnen überlassen, sehr verehrter Herr Silbermann, und will auch kein extra Wort zufügen, sondern die Tatsachen ganz für sich sprechen lassen. Ich erwähne auch gar nicht weiter, daß mein Stiefbruder wegen eines kleinen Devisenvergehens sechs Monate im KZ geschmachtet hat und wir dadurch alle unter dem verhaßten Regime zu leiden hatten. Und den «Stürmer», den unser Junge immer von den HJ-Abenden mitbrachte, haben wir nie aufgehoben, sondern immer zum Einfeuern verwendet. Na ja, was soll ich Ihnen noch mehr sagen, Sie kennen uns ja und wissen, wenn es auf uns angekommen wäre, dann wäre das mit dem Arierparagraphen nie gekommen, und Ihnen hätte niemand ein Leid angetan. Aber es ist zu spät, und warum viele Worte drüber machen!

Und nun bitte ich Sie noch einmal recht herzlich, verehrter lieber Mister Silbermann, vergessen Sie uns nicht und schicken Sie uns, bitte, das Empfehlungsschreiben. Sie wissen ja, eine Hand wäscht die andere, und vielleicht können wir später doch noch einmal etwas für Sie tun.

Auch meine Frau sendet Ihnen verbindlichste Grüße.

In ergebenster Hochachtung
Ihr getreuer
Joseph Wabbel

N. B. Falls Sie die Bücher haben möchten, würden wir sie Ihnen gern schicken. Vielleicht können Sie in Ihrem Schreiben auch kurz erwähnen, wie wir, unter dem Schutz der NS-Kreisbücherei, allen Anfeindungen zum Trotz, Ihre Bibliothek die ganze Zeit hindurch gehalten haben.

Der Obige

In einer Stadtratssitzung in Nürnberg erklärte
Bürgermeister Dr. Levie: «Wir könnten jetzt Spinn-
stoffwaren verteilen, aber die Landesstelle Papier
kann angeblich das erforderliche Papierkontingent
für den Druck der Bezugscheine nicht zur Verfügung
stellen.» – In Recklinghausen mußten die Straßen-
bahnen zeitweise wegen Papiermangels still-
gelegt werden, da die Bestände an Fahrscheinen
verbraucht waren.

Wegen Kohlenmangels ging das Stadttheater in
Memmingen im Winter dazu über, Theaterkarten
nur gegen Abgabe von zwei Holzscheiten oder
zwei Kohlenstücken zu verkaufen.

KOMPENSATIONSSTUNDE

«Um Holz für das Dach zu bekommen, mußten wir als Gegenleistung einen Treibriemen für eine Bandsäge liefern. Für den Treibriemen verlangte man Zement von uns. Für den Zement mußten wir Wein versprechen und für den Wein eine Wohnung. Die Wohnung konnten wir beschaffen, weil ich zufällig von einer Frau wußte, die ihre Wohnung nicht mehr brauchte, da sie eines SS-Mannes wegen Selbstmord begangen hatte.»

Der Leiter der Wiederaufbauarbeiten
am Goethehaus in Frankfurt zu dem Korrespondenten
der amerikanischen Zeitschrift *Time*

Wir wollen uns da nichts vormachen, nicht wahr: das Wort «schieben» gehört heute nun einmal zu den vulgäreren Vokabeln der deutschen Sprache, und auch das sonst höchst harmlose, fast hätten wir gesagt: farblose Adjektiv «schwarz» hat im Zusammenhang mit Wörtern wie Handel, Geschäft usw. einen nicht unpeinlichen Beigeschmack angenommen. Nun ist das ja bekanntlich so mit der Sprache, daß man verfeinern kann – oder sublimieren, um diesen Prozeß verfeinert auszudrücken.

Man kann zum Beispiel – und das soll gelegentlich geschehen sein – Leute zum Mitmachen (ganz gewöhnlich: *Mitmachen*) antreiben und von «Einsatzbereitschaft» sprechen; oder man kann die Aufforderung zu einer lokalen Altpapiersammlung als «Kameradschaft der Tat» aufziehen. Es ist großartig, was man alles mit der Sprache machen kann.

Es ist großartig, was da gerade in den letzten Monaten mit dem Wort *kompensieren* gemacht wurde. Für die, die es genau wissen wollen, haben wir es gleich im Duden nachgeschlagen.

Da steht in diesem getreuen Eckart der deutschen Sprache: «Kompensieren – ausgleichen. BGB: aufrechnen.» Das Wort kompensieren, so wird uns berichtet, erfreut sich vor allem im Rheinland großer Beliebtheit. Es wird munter verwendet, wie andere neue Ausdrücke (sich entnazifizieren lassen, einen Wohnraum zweckentfremden usw.). Entscheidender ist aber: es wird munter kompensiert. Jetzt werden Sie natürlich fragen, was das sei, und auf diese Frage haben wir gewartet wie auf unser Stichwort, denn wir brennen geradezu darauf, Sie aufzuklären.

Also mit dem Kompensieren sieht es so aus: Sie kaufen zum Beispiel eine Wanduhr. (Es *gibt* Leute, die Wanduhren kaufen!) Die Wanduhr kostete früher – zu Friedenszeiten, wie manche gern sagen – 200 Mark. 200 Mark kostet sie auch heute noch, offiziell. Aber wer gibt Ihnen eine Wanduhr für 200 Mark?

Und da fängt nun die Kompensation an, der Ausgleich oder, nach dem Bürgerlichen Gesetzbuch, die Aufrechnung. Die Wanduhr wird kompensiert, noch häufiger: teilkompensiert. Der Verkäufer nimmt 150 Mark in bar. Die restlichen 50 Mark müssen Sie kompensieren. Zum Beispiel durch Butter oder Schweinefleisch oder einen Anzugstoff im Betrage von 50 Mark – Friedenswert. So sei das im Rheinland, wird uns berichtet.

Das hat uns imponiert. Wir finden es originell.

Wir stellen uns vor, daß wir zu einem Freund in die Wohnung kommen, und da steht ein neuer Radioapparat im Zimmer. Spontan und unbelastet sagen wir: «Was für ein schönes Radio!»

«Ja», sagt unser Freund, «schön ist es schon, aber furchtbar schwer zu kompensieren.»

«Wieso?» fragen wir, noch ganz unter dem Eindruck des prächtigen Empfangsgeräts.

«Es handelt sich da nämlich um eine Doppelkompensation», erklärt unser Freund, «und das ist gar nicht so einfach. Der Mann, von dem ich den Apparat bekommen habe, will die Hälfte in Lebensmitteln kompensiert haben. Jetzt habe ich wiederum einen Mann, durch den ich die Lebensmittel bekommen kann. Aber der besteht darauf, daß ich ihm einen Teil in Bauholz kompensiere. Die Frage ist, wo bekomme ich das Bauholz her?

Der einzige, den ich kenne, der Bauholz hat, will es unbedingt durch ein Radio kompensieren. Und das hat natürlich keinen Sinn, denn das Radio will ich ja selbst haben.»

Das ist alles kompliziert, aber nicht uninteressant. Ein Leben in Kompensation, im Schwebezustand des Ausgleichs. Gerade wie Sie dabei sind, eine Tasse Tee an den Mund zu setzen, greift Sie jemand beim Arm und sagt: «Halt! Ist der Tee auch schon kompensiert?»

Oder mitten in der Nacht werden Sie aus dem Schlaf geschüttelt, und bevor Sie wissen, was Ihnen geschieht, wird Ihnen der Teppich unter den Füßen weggezogen, weil Sie sich trotz verschiedener Mahnungen als «kompensationsunfähig» erwiesen haben.

Wir wollen Ihre Geduld nicht zu sehr auf die Probe stellen, zumal wir als Kompensation eigentlich nichts zu bieten haben, aber wir können diese kleine Kompensationsstunde nicht abschließen, ohne kurz auf die ideelle Kompensation im Gegensatz zur materiellen einzugehen, von der wir bisher gehandelt – gehandelt? Verzeihung: gesprochen haben.

Bei der materiellen Kompensation geht es um ganz konkrete, handgreifliche, geradezu vulgäre Gegenstände wie die Wanduhr oder das Radio.

Die ideelle Kompensation ist etwas wesentlich

Eleganteres, gewissermaßen die Kompensation im Frack. Sie sieht etwa so aus:

«Sie wissen doch, ich habe noch einen elektrischen Kocher übrig.»

«Na und?»

«Ja, der Dingsda, der Schröder möchte den so gern von mir haben.»

«Das ist ein netter Mensch, der Schröder.»

«Nett schon, aber was nützt mir das? Der hat doch überhaupt nichts zum Kompensieren. Blank aus Kriegsgefangenschaft zurück.»

«Ja, das stimmt. Aber warten Sie mal: Arbeitet der nicht bei der *Allgemeinen Rundschau?*»

«Sicher, als Bildredakteur.»

«Na, da haben wir's ja. Lassen Sie sich doch den Kocher ideell kompensieren. Der kann Ihnen bestimmt ein Abonnement der Zeitung verschaffen.»

«Sie, das ist eine glänzende Idee. Natürlich. Das werde ich sofort in die Wege leiten. Über den vielen materiellen Sorgen, die man heutzutage hat, vergißt man einfach alles andere – sogar die ideelle Kompensation.»

In Lübeck stellten eine Anzahl Bürger beim Stadt-
oberhaupt den Antrag, daß alle städtischen
Beamten und Angestellten, die mit der Ernährung und
Versorgung zu tun haben, alle Polizeibeamten, die
bei der Bekämpfung des Schwarzen Marktes eingesetzt
werden, und alle Leiter von Verteilungsstellen beim
Dienstantritt gewogen werden sollen. Wer innerhalb
seiner Amtszeit an Gewicht zunimmt, soll sofort
von seinem Posten entfernt werden.

ABWARTEN UND NESCAFÉ TRINKEN

«Nach den Erklärungen Prof. Dr. Reins, der an neuen
Erkenntnissen über Giftwirkungen im Körper arbeitet, wirkt das Koffein des Kaffees bei Ermüdungs-
erscheinungen wie belebende Arznei.»

Notiz in der *Schwäbischen Donau-Zeitung*

Also, wenn man sich das mal so in Ruhe ansieht – Verzeihung, der untere war meiner –,
so richtig in Ruhe ansieht ... das ist schon ein An-
blick zum Anblicken: wie die Leute drängeln, wie
die sich gegenseitig ans Schienbein treten, wie
das so alles aneinander vorbeihetzt ... ja um
Himmels willen, wo brennt's denn? Die Luft-
angriffe sind doch nun vorbei, man kann wieder
in Ruhe aufatmen, oder? Jedenfalls ist die Bewegung tot, und wenn die Bewegung tot ist, sollte es
eigentlich Ruhe geben, ist doch logisch, was?
Aber die meisten kapieren das gar nicht, sie
drängeln immer weiter und hetzen sich und machen sich und die ganze Welt verrückt.

Mit den paar Kalorien auf dem Bezugsschein
sollte man doch eigentlich Vernunft annehmen
und mal schon ruhig sitzen, ruhig irgendwo auf
dem Lande, Nescafé trinken und abwarten. Aber
nein: eilig müssen sie's haben, alles auf die

Schnelle. Jetzt ist der Laden kaputt, na schön, ist er kaputt. Es hätte ja noch schlimmer kommen können. Aber nun gleich hinlaufen und Bogen ausfüllen und die Ärmel hochkrempeln und so, ist ja alles Quatsch. Mir soll's natürlich gleich sein, was die andern machen. Im Gegenteil, je mehr die rangehn, um so länger kann ich warten. Also ich warte, das steht mal fest. Die Wahlen und der ganze Verfassungsrummel, für mich ist das alles Harakiri oder Fata Morgana oder wie das heißt … Und die Parteien! Ja, mein Gott, die Parteien! Für mich gibt's überhaupt nur eines: die Stimme der Enthaltsamkeit. Ich war ja immer schon antialkoholisch.

Ob ich wähle? Ich denke gar nicht dran. Frisch gewählt ist halb belastet. Oder so ähnlich. Gewiß, mit dem Aufbau, das hat schon was für sich, der Dreck muß weggeräumt werden, stimmt schon alles, aber was habe *ich* damit zu tun? Neulich sagte ein Bekannter zu mir, sie brauchten dringend Spezialisten im Städtischen Gesundheitsamt und ob ich mich nicht melden wollte? Ich sagte: Nein, ich warte vorläufig erst mal ab.

Der wurde richtig wütend, der Mann, was ich mir eigentlich so denke und wo mein Verantwortungsgefühl steckte und ob mich mein Gewissen nicht belaste? Dem habe ich schön Bescheid gesagt, aber kräftig. Sprechen Sie mir nicht von Belastung, habe ich gesagt, ich bin, Gott sei Dank, unbelastet und will es auch bleiben. Wenn ich da erst mal so vierzehn Bogen ausgefüllt habe, vielleicht findet dann jemand raus, daß es belastend für mich sei, daß man in vierzehn Formularen nichts Belastendes finden kann, und *das* Risiko soll ich eingehen? Nein, mein Herr, hab ich dem gesagt, Sie können ja alle machen und tun, was Sie wollen, aber *ich* warte ab.

Soll sich vorläufig mal die erste und die zweite und die dritte Garnitur die Hacken ablaufen und die Finger wundschreiben und die Rücken krummsitzen, bei mir eilt's gar nicht, ich komme immer noch zurecht. Egoismus? Was heißt hier Egoismus? Gesunder Selbsterhaltungstrieb, weiter nichts. Ich bin ganz einfach die Reserve, und ohne Reserve kann keine Schlacht geschlagen werden. Na ja, das ist vielleicht für heutige Verhältnisse zu militaristisch gedacht, aber ich bin wirklich überhaupt kein Militarist, die vorderste Front war nie was für mich.

Laßt die Streber ran, die Ehrgeizlinge, die Aufbauwütigen, die Aktionsfanatiker, laßt sie nur alle ran und sich gegenseitig ein bißchen die Schädel einrennen. Auf der Klitsche, auf der *ich* sitze – Gott sei Dank, da kommt endlich der Zug –, kann man zwar nicht rund und fett werden, aber aushalten kann man's schon. Und abwarten kann man da wunderbar, so besinnlich herumsitzen und gar nichts tun und sich sagen: immer langsam, immer langsam, immer langsam ... Und wenn's dann endlich soweit ist, wenn die Karre wieder läuft, na ja, dann kann man immer noch ran, dann ist man schön ausgeruht und hat unverbrauchte Nerven, und die andern werden das bestimmt sehr schätzen.

Was ruft der da vorne? Bitte einsteigen? Nur Geduld, mein lieber Mann, Geduld. Ich steige schon ein.

Wenn die's bloß nicht alle so eilig hätten!

*Pressemeldungen zufolge hatte die Polizei
in Reichenberg bei Würzburg die Gewohnheit,
auf Arbeiter zu schießen, die den Abendzug
Würzburg–Lauda auf der verkehrten Seite
verließen.*

*Der Verlag «Bücher der Heimat» der Gebrüder
Geiselberger in Altötting gab bekannt, daß
seine Gebet- und Gesangbücher restlos ausverkauft
seien. Dies geschah in einem Schreiben «an die
bayerischen und deutschen Sortimentsbuchhand-
lungen».*

EIN MÄRCHEN

In Regensburg sucht die Literarische Gesellschaft politisch einwandfreie Märchenerzähler, die für die Kinder Märchenstunden veranstalten sollen.

Notiz in der *Süddeutschen Zeitung*

Unrationiert fiel der Schnee vom Himmel. Aus der Gastwirtschaft trat eine Frau, die gegen Abgabe von 10 Gramm Fettmarken tatsächlich 10 Gramm Fett in ihrem Gericht bekommen hatte. Nebenan in der Kunststopferei nahm die Besitzerin ein Schildchen von der Tür, das dort schon seit dem Sommer gehangen hatte: «Aufträge werden vorläufig nicht angenommen.» Aufträge wurden wieder angenommen.

An der Straßenbahnhaltestelle stand ein junger Mann, ein nett und manierlich aussehender junger Mann mit einem freundlichen Lächeln. Er wartete, wie man das an Straßenbahnhaltestellen zu tun pflegt, auf eine Straßenbahn. Die Bahn kam auch bald, und der junge Mann stieg ein.

«Der Herr war furchtbar nett auf dem Wohnungsamt», sagte eine Frau. «Überhaupt unsere

Paul Klee, «Versiegelte Dame»

neuen Beamten, so zuvorkommend und interessiert.»

«So menschlich», bemerkte ihre Begleiterin, «unerhört menschlich.»

«Der Herr auf dem Wohnungsamt meinte, es wäre schon richtig, wenn wir noch das Eckzimmer abgeben würden, nur fürchtete er, das würde dann ein bißchen unbequem für uns werden. Der Betreffende müßte dann immer durch das Wohnzimmer durch, was meinen Sie?»

«Schwer zu sagen. Man muß natürlich auch sozial denken. So ein armer Flüchtling, der nun in der Stadt herumirrt, dem müßte man schon helfen, finde ich.»

«Das habe ich dem Beamten auf dem Wohnungsamt auch gesagt, und der meinte dann: ‹Gut, wie Sie wollen.› Ein ganz reizender Mensch.»

Die Straßenbahn hielt, und ein Mann mit zwei großen Handkoffern stieg ein. Ein paar junge Leute griffen sofort hilfsbereit zu, und der Mann bedankte sich.

«Früher sprach man von der Volksgemeinschaft und hatte sie nicht», sagte er, «und jetzt ist es umgekehrt.»

Alle nickten zustimmend.

«Sie sehen aus, als kämen Sie von weither», sagte jemand.

«Komme ich auch. War gerade in Dresden und Leipzig, dann in Berlin und oben in Hamburg, und schließlich im Rheinland. Mit dem neuen Vier-Zonen-Paß ist das Reisen heute eine Kleinigkeit.»

«Man hat Ihnen nirgends Schwierigkeiten gemacht?»

«Nirgends. Einmal war der Zug etwas überfüllt. Da fuhr ich mit den Delegierten der neuen Friedenskonferenz. Das war eine lebhafte Reise. Es ging zu wie im Taubenschlag. Wie im Friedenstaubenschlag, möchte ich sagen.»

«Und hat die Konferenz schon begonnen?»

«Begonnen? Ja, haben Sie nicht die Zeitung gelesen? Sie ist doch schon fast zu Ende. Die kürzeste Friedenskonferenz der Geschichte. Knappe und sachliche Verhandlungen.»

«Und das Ziel?»

«Sie werden es nicht glauben, es klingt wie im Märchen: Es war eine Friedenskonferenz, die den Frieden zum Ziel hatte. Ist das nicht großartig?»

«Großartig!» riefen die Leute, und auch der Wagenführer gab seiner Zustimmung Ausdruck, indem er dreimal kräftig auf die Klingel trat.

Ein Kontrolleur stieg ein und schüttelte dem Schaffner die Hand. «Meine letzte Fahrt, Karl», sagte er.

«Nanu? Entlassen?»

«Nein, ich bekomme einen neuen Posten. In dem netten neuen Verwaltungsgebäude mit den Blumentöpfen vor den Fenstern. Kontrolleure werden abgebaut. Die Menschen, meinte der Kontrollkommissar, seien so weit, daß man sie nicht mehr zu kontrollieren brauche. Sie seien erwachsen, sagte der Kommissar – das war natürlich als Scherz gemeint.»

Alle schüttelten sich vor Lachen, und der Schaffner klopfte dem Kontrolleur kräftig auf die Schulter. «Emil, du bist gelungen», rief er. Es war das erstemal, daß er den Kontrolleur duzte.

Die Straßenbahn hielt, und der Mann mit dem Vier-Zonen-Paß stieg aus. Es kam ihm vor, als sähe er statt der alten klapprigen Bahn einen wunderschönen, mit vielen bunten Laternen funkelnden Schlitten durch den Schneewirbel in die dunkelnde Straße sausen.

Es fröstelte ihn, und einen Augenblick lang kam er sich ein wenig einsam vor. Dann aber spuckte er in die Hände und griff nach den Koffern. Die Straßenbahn war ein winziger leuchtender Punkt in der Ferne geworden. «Friede auf Erden!» rief er laut hinter ihr her, als sie nun über einen kleinen Hügel entschwand, aber er wußte natürlich nicht, ob ihn jemand hören würde.

Die Associated Press berichtet, daß der 430 000 Einwohner zählenden Stadt Düsseldorf im Februar 1947 Kleiderbezugsscheine für zwei Taschentücher, 26 Herrenanzüge, 15 Knabenanzüge, 33 Arbeitsschutzanzüge und drei Damenmäntel zur Verfügung standen. Der Leiter des Bezugsscheinamtes Düsseldorf erklärte, daß nach dem gegenwärtigen Stand jeder männliche Einwohner der Stadt alle 96 Jahre einen neuen Anzug, alle 18 Jahre ein neues Hemd und alle 29 Jahre neue Unterwäsche erwerben könnte. Um alle Einwohnerinnen der Stadt mit Mänteln zu versorgen, müßten 350 Jahre vergehen.

Auf einem Antragsformular für einen Schuhbezugsschein in München war folgende Begründung angegeben:
«Zwangsläufige Dauergänge zur Bezugsscheinstelle.»

CONFÉRENCE

«Was gibt's für Zeitvertreib auf diesem Abend?
Was für Musik und Tanz? Wie täuschen wir
Die träge Zeit als durch Belustigung?»
Shakespeare, *«Ein Sommernachtstraum»*

Haben Sie schon gehört, es soll ein neuer Fragebogen herauskommen, hahaha, für die deutschen Mädchen, die mit den Amis ... na, Sie wissen schon, und zwar soll da gefragt werden, welche Zigarettenmarke am beliebtesten sei: Chesterfield ... Philip Morris ... usw.

Sie finden das nicht komisch? Sie finden das geschmacklos? Wie bitte? Ach, Sie finden, was ich sage, sei geschmacklos? Es langweilt Sie? Sie wollen keine Zigarettenwitze mehr hören? Und keine Fragebogenwitze mehr? Und keine Wohnungsnotwitze mehr? Und keine Witze mehr über Ämter und Entnazifizierung und den Vorzimmerdeutschen?

Ja, hören Sie mal, wo kommen wir denn da hin! Meinen Sie vielleicht, wir hätten unser Kabarett zum Vergnügen aufgemacht? Uns ist es todernst, hahaha. Wovon sollen wir leben? Zum Beispiel der nächste Sketch, den Sie gleich sehen werden, der befaßt sich mit dem Wiederaufbau.

Ein glänzender Einfall, finden wir. Sie finden das nicht? Sie hätten das schon zu oft gesehen? Sie wollen was Neues? Das sei Ihnen nicht originell genug?

Ja, wenn das nicht originell ist, dann weiß ich nicht. Stellen Sie sich vor: Versammlung einer Stadtgemeinde. Die Herren sind dabei, sich die Nägel zu feilen und auf die Militärregierung zu schimpfen, als plötzlich die Tür aufgeht und – unangemeldet – ein Mann hereintritt, was sage ich: hereinbraust, hereinexplodiert, mit einem riesigen Knall ein Aktenstück auf den Tisch schmettert und mit einer Rede anhebt, die also beginnt:

«Meine Herren, wir können uns gratulieren. Es läuft alles wie geschmiert. Sämtliche Verkehrsmittel funktionieren wieder, die Wohnungsnot ist durch die Uneigennützigkeit unserer Bürger und das rasche Eingreifen unserer Behörden so gut wie behoben, die Lebensmittelversorgung ist dergestalt, daß fünf Prozent der Bevölkerung sich zur Zeit Entfettungskuren unterziehen.»

Dann geht der Sketch weiter, aber ich kann natürlich nicht alle Pointen vorwegnehmen, Sie sehen jedenfalls, es ist wahnsinnig komisch. Bitte, unterbrechen Sie mich nicht: es *ist* komisch. Wenn es überhaupt etwas gibt, was noch komischer ist – aber davon spreche ich nur, weil Sie mich unterbrochen haben –, dann ist es die Tatsache Ihrer Anwesenheit. Weshalb kommen Sie eigentlich her? Wieso ist dieses Kabarett seit Wochen ausverkauft, obgleich wir Ihnen egalweg dasselbe bieten? Entnazifizierung ... Fragebogen ... Zigaretten ... ich habe ja vorhin schon alles aufgezählt. Wieso also?

Jemand hält irgendwo einen Vortrag «Über die Probleme des Künstlerischen». Am nächsten Tag steht in der Zeitung: «Vor überfülltem Haus sprach gestern Professor X ...» usw. Der Herr Professor hatte nichts Neues zu sagen. Das Publikum hatte nichts Neues zu lernen. Trotzdem lief es hin. Überall läuft es hin. In jede aufgewärmte Léhar-Operette, in jeden Vortragszyklus, in jeden umgebauten Reitstall, wo Ferdinand Luise seine Liebe gesteht.

Neu erwachtes Interesse, meinen Sie? Drang nach Klärung, Bedürfnis nach Bildung? Ich habe meine Zweifel. Ich sehe Sie da vor mir sitzen in unserem Kulturausverkauf, und immer wieder frage ich mich: wieso?

Der teuerste Platz bei uns kostet fünf Mark, das ist der Preis einer amerikanischen Zigarette auf dem Schwarzen Markt, wobei mir einfällt, daß wir Ihnen diesmal drei, bitte sehr: drei Sketche über den Schwarzen Markt bieten. Und da kommen Sie natürlich. So billig sind Sie noch nie unterhalten worden. Ob es sich je ändern wird? Ob Sie sich entschließen können, gelegentlich zu Hause zu bleiben? Nur dann zu kommen, wenn es sich wirklich lohnt? Aber anscheinend wird es immer schwieriger, mit sich allein zu sein in dieser Zeit.

Verzeihen Sie, ich bin vom Thema abgekommen. Sie sind ja zu Ihrem Vergnügen hier – das hätte ich fast vergessen. Moment bitte – jawohl, die Bühne ist fertig: auf geht der Vorhang zu unserer nächsten Nummer, dem originellsten, witzigsten und neuesten Sketch, der je gespielt wurde:

Über den Wiederaufbau.

In einer Sitzung des Ebersberger Gemeinderats erklärte der Gemeinderat Haas laut Sitzungsprotokoll: «Die Inanspruchnahme von Nazi-Wohnungen soll künftig unterbleiben, weil die Nazis in ihrer Regierungszeit auch keine Wohnungen von Nichtparteigenossen beschlagnahmten. Dafür sollen aber die Zuzüge aus der englischen und französischen Zone gedrosselt bzw. eingestellt werden.»

DER KLUGE MANN BAUT VOR

«Das Chamäleon soll nur von Luft leben,
hat aber von allen Tieren die flinkste Zunge.»
Jonathan Swift

Wer weiß, was noch kommt. Wer weiß, was
uns noch bevorsteht.
Kinder, ich sage euch, man kann nicht vorsichtig
genug sein! Wie man's macht, macht man's ver-
kehrt. Mein Dieter arbeitet seit zwei Monaten bei
der Militärregierung, nichts Besonderes, ganz gewöhnlich als Chauffeur bei einem Major. Schon
kommt man ins Gerede. «Na, Herr Schulze», sagen die Leute, «Sie sind ja fein raus. Amerikanische Verpflegung kriegt Ihr Dieter wohl auch?»
Die Menschen stellen sich vor, bei uns ist inzwischen schon eine Sonderabladestelle für CARE-
Pakete eingerichtet worden. Gelber Neid. Nichts
wie gelber Neid. Dabei ist der Junge nur als ge-
wöhnlicher Fahrer tätig. So ein tüchtiger Bengel,
zum Schluß wurde er noch zum Oberleutnant be-
fördert! Na ja, man muß heute vieles schlucken.
Onkel Richard meint ja, es sei bedenklich, bei
den Amerikanern zu arbeiten. Aber Onkel Richard hat sein ganzes Leben Trübsal geblasen.

Wenn man auf den hören wollte, könnte man sich schon längst seinen Klappsarg bestellen. Andererseits ist Onkel Richard natürlich kein Dummkopf. Und andere sagen's auch: Wer weiß, was kommt, wenn die Besatzung weg ist. Alles *neu*, wahrscheinlich. Neue Verwaltung, neue Lizenzen, neue Vorschriften, neue Fragebogen. Gott sei Dank habe ich vorgesorgt. Bei mir geht kein Fragebogen mehr ohne Durchschlag aus dem Haus. Man muß ja heute so aufpassen, was man schwarz auf weiß von sich gibt.

Neulich im Lokal hat einer erzählt, wie der Fragebogen im Fünften Reich aussehen wird. Gott, haben wir gelacht, da blieb kein Auge trocken. Die besten Sachen habe ich mir notiert, jedes Ding ein Schlager. Hier, passen Sie auf:

Unter Personalien: Haben Sie jemals versucht, die amerikanische oder eine andere ausländische Staatsangehörigkeit zu erwerben? Ferner: Welche Namen haben Sie Ihren Kindern gegeben? (Manche sollen ja so unvorsichtig gewesen sein, ihre Kinder Franklin und Winston genannt zu haben. Reinster Mangel an politischer Weitsicht.)

Dann Fragen zur Allgemeinbildung: Welche Zensuren bekamen Sie in Ihren Aufsätzen über demokratische Themen? Haben Sie «Mein

Paul Klee, «Zwei Kräfte»

Kampf» heimlich gelesen? Besitzen Sie noch Exemplare? Wie viele? Wo ist Adolf Hitler geboren? Wann ist sein Geburtstag? Welche nationalsozialistische Schule hätten Sie gern besucht?

Und zum Thema politische Vergangenheit: Wie erging es Ihnen bei der Spruchkammer? Mußten Sie eine Geldbuße zahlen? Durch welche Krankheiten konnten Sie sich dem Arbeitslager entziehen? Waren Sie «politisch verfolgt»? Wenn ja, durch wen?

Welche Zugehörigkeit zu Parteigliederungen haben Sie auf Ihrem Fragebogen der Militärregierung angegeben, und welchen Parteigliederungen haben Sie *wirklich* angehört? Hatten Sie jemals wegen Ihrer NS-Einstellung Schwierigkeiten im Beruf oder im Privatleben? –

Gelungen, was? Außerdem hatte der Mann im Lokal ein Muster bei sich für eine Zeugenbestätigung zur Vorlage bei der Säuberungskommission im Fünften Reich. Das habe ich mir gleich abgeschrieben, sieht so aus:

«Hiermit bestätige ich, daß ich Herrn H. seit 1945 intim kenne. Bereits in den ersten Wochen der Besatzungszeit hat sich Herr H. mir gegenüber freimütig über die Alliierten geäußert. Das Radio wurde bei ihm nie auf Jazzmusik eingestellt, und er hat auch öffentlich auf die Amerikaner geschimpft. Weiter ist mir bekannt, daß Herr

H. nie eine amerikanische Zigarette geraucht und Brot aus amerikanischem Mehl nur mit Unbehagen zu sich genommen hat. Außerdem hat Herr H. in meinem Beisein abfällige Äußerungen über die Besatzungstruppen in die Aborte eines Gasthauses gekratzt. Obwohl er nie einer politischen Gliederung angehörte, hat er seinerzeit aus patriotischen Gründen seinen Fragebogen gefälscht. Das Wort Kollektivschuld durfte in seinem Beisein nie erwähnt werden.»

Wie finden Sie das? Es ist natürlich nur als Witz gedacht. Aber glänzend, wie? Mittenmang ins Schwarze getroffen. Ja, sehen Sie, man muß eben vorbeugen. Wie ich schon sagte, man weiß nie, was kommt. Vorsicht ist die Mutter der Porzellankiste. Das Beste ist, man bleibt unverbindlich und hält sich schweigend im Hintergrund.

Ob ich dem Dieter sage, er soll kündigen? Aber der Junge ist ganz wild auf seinen Job, und unvorsichtig ist er immer schon gewesen. Das ist Temperamentssache. Na ja, jeder ist eben seines eigenen Glückes Schmied. Ich jedenfalls bin froh, daß ich Durchschläge von meinem Fragebogen habe. Besser ist besser. Wer weiß, was noch kommt.

Der kluge Mann baut vor.

Der Tabakverband Oberpfalz ordnete an, daß die Deckblätter für Zigarren, die ersatzweise aus Papier hergestellt wurden, wegen Papiermangels fortan ersatzweise aus echten Tabakblättern herzustellen seien.

FASSE DICH KURZ!

«Also, von was war eigentlich die Rede? Von was wollte ich sprechen?»

Georg Büchner, «Leonce und Lena»

Meine wiederaufbaufreudigen Damen und Herren! Es gereicht uns zur Ehre, daß wir bei dieser Gelegenheit und an dieser Stelle die hohen Herren von der Militärregierung begrüßen dürfen.

Zwar ist Herr Oberst McNamara selbst am Erscheinen verhindert, wie auch die Herren Major Crawford, Captain Singleton, Captain Tomasetti und Oberleutnant Rosenblum, aber ein würdiger Stellvertreter ist in Herrn Corporal Morris gefunden worden, der eigens zu diesem für uns alle so bedeutsamen Ereignis erschienen ist.

Ich möchte gleich an dieser Stelle bemerken, daß ich durch das Amt des Herrn Pressereferenten beim stellvertretenden Herrn Oberbürgermeister noch gestern veranlaßt habe, daß meine bescheidenen Ausführungen durch das halbamtliche Übersetzungsbüro «Mach S-nell» in die englische Sprache übersetzt werden, um damit Herrn Corporal Morris eine bleibende Erinnerung an den Anlaß, der uns heute hier versammelt, überreichen zu können.

Doch nun endlich zur Sache, meine sehr verehrten Anwesenden.

Wie Ihnen bekannt ist, haben wir uns an diesem zwar durch Regenwetter, nicht aber durch unser aller Aufbaufreudigkeit getrübten Tage zusammengefunden, um feierlich, wenn auch den Notzeiten angemessen, in schicklicher Bescheidenheit die Wiedereröffnung der ersten öffentlichen Fernsprechzelle in unserer Gemeinde zu begehen.

Sie alle werden sich noch aus stolzer demokratisch-weimarischer Überlieferung jenes bündigen Mottos erinnern, das selbst die infame Goebbels-Propaganda nie ganz totschweigen konnte:

«Fasse dich kurz!»

So soll denn auch meine kleine Ansprache im Zeichen dieses Mottos stehen, um so mehr, als in dieser Epoche des Wiederaufbaus die Tat allein spricht und mit vielen Worten nichts zu schaffen ist.

Ich möchte bei dieser Gelegenheit kurz auf die Anwürfe eingehen, die – bezeichnenderweise nur allzu häufig in der feigen Form der Anonymität – unserem Dezernat für das öffentliche Fernsprechwesen zugegangen sind.

Von Menschen, denen der Mangel an Verantwortungsgefühl klar und schamlos auf der Stirn geschrieben steht, wird uns vorgehalten, daß wir zu viele Worte machen und zu wenig leisten. Da könnte man natürlich lachen, meine sehr verehrten Damen und Herren, aber die Zeiten sind leider zu ernst zum Lachen.

Daß aber gerade wir, *wir*, die wir der Öffentlichkeit die Formel «Fasse dich kurz!» gegeben haben, der Langatmigkeit und des Mangels an konstruktiver Arbeit bezichtigt werden sollen, zeugt von so niedriger – früher hätte ich gesagt: unpatriotischer, aber das Wort mag mißverstanden werden –, von so aufbauwidriger Gesinnung, daß ich da nur fragen kann: Wo bleibt die Spruchkammer?

Doch wir wollen diese schöne Gelegenheit nicht benutzen, um unseren politischen Feinden die Genugtuung zu geben, sie seien wichtig genug, daß wir uns mit ihnen des längeren auseinanderzusetzen hätten.

Auch ihnen schleudern wir das Motto entgegen: «Fasse dich kurz!»

Und nun zum Thema.

Die erste öffentliche Fernsprechzelle in unserer Gemeinde ist wieder eröffnet. Ein bedeutender Abschnitt im Wiederaufbau unserer Gemeinde hat eingesetzt. Tausenden von Menschen wird erneut Gelegenheit geboten, über den öffentlichen

Fernsprecher in schneller Wechselrede zu erledigen, was sonst oft Stunden in Anspruch nehmen würde.

Das Resultat ist klar: Einsparung von Laufereien und Fahrten; Entlastung des städtischen Verkehrswesens; reibungslose Abwicklung dringlicher Angelegenheiten, die im Dienste des allgemeinen Wiederaufbaus stehen.

Aber ich will nicht viele Worte machen, meine sehr verehrten Anwesenden.

Vom Presseamt für unser öffentliches Fernsprechwesen war mir vorgeschlagen worden, diese Gelegenheit zu nutzen, um in ein paar markanten Worten des Erfinders des Telephons – vor 1933 der Amerikaner Graham Bell, dann bis 1945 der Deutsche Philipp Reis und jetzt wieder Graham Bell – zu gedenken.

Ich nehme davon Abstand, denn unsere Zeit ist leider bemessen.

Wir alle müssen zu weiteren Aufgaben eilen. Ich selbst habe, wenn ich Ihnen diesen kleinen Einblick in mein eigenes Arbeitspensum vermitteln darf, am heutigen Nachmittag noch der Einrichtung der Überwachungsstelle unserer Preisüberwachungsstellen (Stelle A: unter 1000 Mark; Stelle B: über 1000 Mark) für den Stadt- und Landkreis beizuwohnen; ferner der Mitgliederversammlung der Interessengemeinschaft halbamtsberechtigter Fernsprechnebenanschlußanwärter e. V.; sowie der Arbeitstagung der Landesstelle zur Betreuung des Weichbleiverbrauchs bei der Herstellung von Kabelmuffen, Unterabteilung Freileitungen.

Sie sehen, ich bin ein gehetzter Mann.

So beschließe ich denn meine kurze Eröffnungsansprache, nicht aber (um etwaigen Enttäuschungen vorzubeugen) ohne darauf hinzuweisen, daß zwar die Fernsprechzelle gebaut ist, daß aber der Anschluß vorerst noch nicht hergestellt werden kann, da erst auf unserer nächsten Fachsitzung die Frage der Dringlichkeit für die Schaffung von Anschlüssen in öffentlichen Fernsprechzellen geklärt werden kann.

Ich danke Ihnen, meine Herrschaften.

Eine Journalistin, die seinerzeit in die Widerstands-
aktion der Münchener Geschwister Scholl verwickelt
war und deshalb ein Jahr im Gefängnis verbrachte,
mußte sich, um ein Ausreisevisum für die USA zu
erhalten, ein «Führungszeugnis» beschaffen. Als sie es
bekam, fand sie unter der Rubrik «Polizeiliche Strafen»
folgenden Vermerk:
    «Im Jahre 1943 vom Volksgerichtshof zu einem Jahr
Gefängnis verurteilt wegen Unterlassung einer
Verbrecheranzeige.»

WIDERSTAND GEGEN DEN WIDERSTAND

«Die Wahrheit hat ihren eigenen Klang.»
Vauvenargues

Es steht hier schwarz auf weiß. Die Akten liegen im bayerischen Arbeitsministerium. Ich, Sepp Huber, bin ein Landesverräter. Der Herr Minister hat es mir schriftlich gegeben, mit persönlicher Unterschrift und einem dicken Stempel. «Ihr Begehren auf Wiederanstellung in Ihrer früheren Dienststelle», steht in seinem Brief, «habe ich ablehnend entschieden. Ihr politisches Verhalten steht dabei nicht zur Erörterung. Maßgebend ist die Tatsache, daß Sie amtliche politische Schriftstücke einem Vertreter oder Angehörigen einer fremden Macht ausgefolgt und daß Sie sich dadurch eines Mißbrauchs gegen Ihre Dienststelle schuldig gemacht haben.»

Schuldig gegen die Obrigkeit: Die Entscheidung des Arbeitsministers (Mitglied der Sozialdemokratischen Partei) deckt sich mit dem damaligen Urteil des Freislerschen Volksgerichtshofes, der mich ins Zuchthaus brachte. Wissen Sie, ich lasse mich nicht leicht aus der Ruhe bringen, ich habe zuviel hinter mir, ich habe zu oft meine Ruhe bewahren müssen. Ich wäre ja nie sonst durchgekommen. Irgendwo verscharrt wäre ich, längst schon. Aber dieser Brief, ich sage Ihnen, dieser Brief ist schwer zu schlucken. Vielleicht verstehen Sie meine Erregung nicht, vielleicht kann ich es Ihnen gar nicht so recht erklären. Aber versuchen will ich's, passen Sie auf.

Also es fing damit an, daß ich, Sepp Huber, beim Landesarbeitsamt in Bayern angestellt war. Ich interessierte mich nie sehr für Politik. Schach spielte ich gern, und gelegentlich ging ich in die Oper. Dann kam der Umbruch. Ich sollte in die Partei, aber ich ging nicht. Ich bin kein Parteimensch, sagte ich. Man ließ mich in Ruhe – ich glaube, man schätzte meine Arbeit. Außerdem konnte ich Polnisch – meine Mutter war Polin –, und das war wichtig, denn wir hatten viele polnische Arbeiter. Ich mußte ihre Papiere prüfen und zusehen, daß sie in Ordnung waren.

Von meiner Mutter hatte ich auch die Liebe zur Oper – Sie wissen, die Polen sind große Musikfreunde. Ich war befreundet mit dem polnischen Konsul in München. Wir gingen zusammen in die Oper. Boris war ein großartiger Mann, gebildet und ein echter Gentleman.

Paul Klee, «Wissen, Schweigen, Vorübergehn»

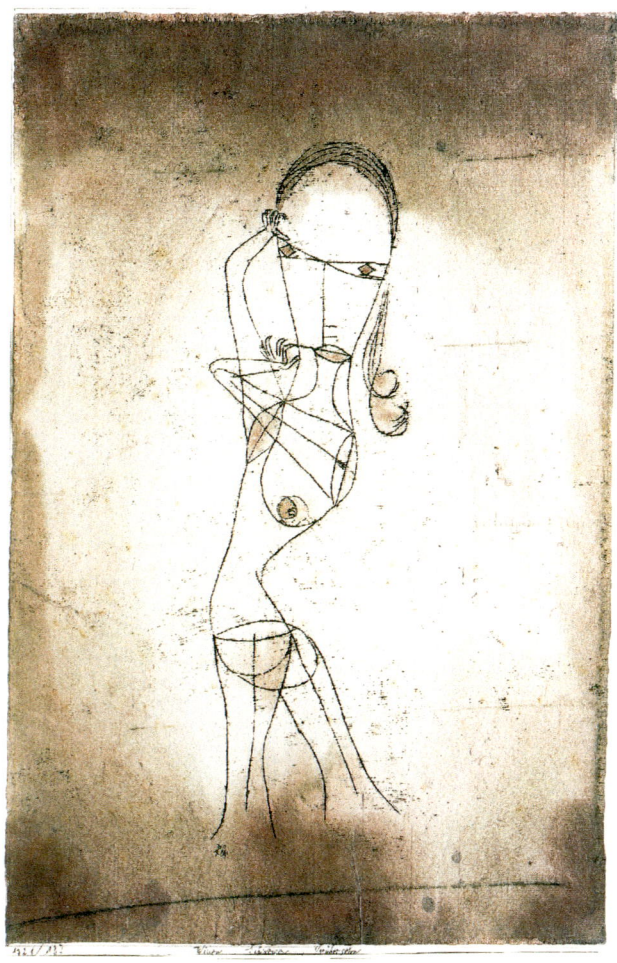

111

Er verachtete die Nazis. Oft sagte er zu mir, wenn wir nach einer Vorstellung von «Fidelio» oder der «Zauberflöte» nach Hause gingen: «Ihr Deutschen erhebt den Anspruch, ein großes Kulturvolk zu sein. Nun seht einmal, was ihr jetzt anrichtet. Mit Kultur hat das wenig zu tun.»

Damals begannen die Judenverfolgungen, und ich mußte ihm beipflichten. Allmählich steigerte sich seine Verachtung in Haß. Irgendwelche Arbeitsabkommen waren zwischen der deutschen und der polnischen Regierung getroffen worden, und Tausende von polnischen Hilfsarbeitern trafen ein. Wir beide wußten, daß diese Menschen ausgenutzt wurden, daß Deutschland seine Versprechungen gegenüber dem polnischen Staat nicht hielt.

Dann kam der Krieg. Polen wurde überrannt, ein deutsches Generalgouvernement in dem Land meines Freundes errichtet. Eines Tages erhielt ich die Möglichkeit einer Versetzung nach Krakau. Es würde eine Beförderung bedeuten, sagte man mir.

Ich dachte an Boris, den man inzwischen interniert hatte. Ob er mir geraten hätte, den neuen Posten anzunehmen? Sicher, ganz gewiß. Ich würde die Möglichkeit haben, viel Unheil zu verhüten.

Und so entschloß ich mich zu gehen. Wie gesagt, ich bin kein Politiker, ich spiele lieber Schach und höre Mozart. Man hätte mich nie nach Krakau schicken sollen.

Ich war ungefähr ein halbes Jahr in Polen, da kam eines Abends ein Mann zu mir in die Wohnung und sagte: «Ich bin ein Freund von Boris. Helfen Sie uns!»

«Wie?» fragte ich.

«Lassen Sie uns wissen, wenn neue Zwangsverschleppungen bevorstehen. Wir werden sie zu vermeiden wissen. Geben Sie uns Tips.»

Das tat ich. Ich behielt Abschriften und Belege von Schriftstücken zurück, die durch meine Hände gingen. Viele Schriftstücke gingen durch meine Hände.

Niemand verdächtigte mich. Man hielt mich für einen der gewissenhaftesten Beamten. Ich glaube, man war froh, daß ich keinen politischen Ehrgeiz besaß. Ich drängte mich nicht wie die anderen um Beförderungen. «Auf den Huber», sagten meine Vorgesetzten, «kann man sich verlassen. Der macht seine Arbeit in Ruhe», und damit legten sie mir einen neuen Stoß Akten auf den Schreibtisch und verschwanden zu irgendeinem Gelage.

Zweimal in der Woche traf ich mich mit dem Freund von Boris. Jedesmal an einem anderen Ort, den er bestimmte. Unser Verkehr hätte nicht unauffälliger sein können. Ich dachte oft an Boris, und ich hatte ein gutes Gewissen. Ich verzog keine Miene, wenn ich im Büro den Chef unseres Amtes toben hörte: «Diese verfluchten Polacken! Jetzt haben sie uns schon wieder einen Strich durch die Rechnung gemacht. Von den Kerls, die heute morgen an den Westwall sollten, war wieder nicht ein einziger aufzutreiben!»

Dann mußte ich auf eine Dienstreise nach Konstanza. Ich sollte Arbeitskarteien prüfen. Ich kam an – man hatte ein feudales Hotelzimmer für mich bereit, mehr als ein Zimmer: eine Suite. Ich war dabei, meine Kleider zu wechseln, als es klopfte. «Moment», sagte ich, «einen Moment!» Ich zog schnell einen Schlafrock über und öffnete. Zwei Herren traten ein, stellten sich vor: Gestapo. Sie hätten so viel von mir gehört. Nur Gutes. Wie zuverlässig ich sei. Wie gewissenhaft, wie fähig. Sie hätten ein kleines Anliegen. Am nächsten Morgen fahre ein Schiff ab, die «Alexandria». Ob ich ihnen die Gefälligkeit erweisen würde, einen kleinen Handkoffer im Gepäckraum zu deponieren? Die Tatsache, daß ich fließend Polnisch spreche, würde es für mich zum Kinderspiel machen. Ich sagte, ich würde es mir überlegen.

«Wir werden uns natürlich erkenntlich zeigen», sagten die Agenten, «ein Scheck über

10 000 Mark wird Ihnen aus einem Sonderkonto überwiesen werden.»

«Gut», sagte ich nochmals, «ich werde es mir überlegen.»

Die beiden gingen, und ich zog mich in Eile an. Der Freund von Boris hatte mir die Adresse eines Mannes in Konstanza gegeben, der mit ihm in der Untergrundbewegung arbeitete. Den suchte ich auf.

Was es mit dem Schiff für eine Bewandtnis habe, fragte ich ihn. Die «Alexandria», sagte er, fahre morgen in der Frühe mit 1300 jüdischen Flüchtlingen nach Palästina.

Es war nun klar, daß der Koffer, den ich deponieren sollte, irgendeine Höllenmaschine enthielt. Es war klar, daß ich, wenn ich Ja sagte, das Leben von 1300 Menschen auf dem Gewissen hätte.

Ich eilte ins Hotel zurück. Fünf Minuten nachdem ich mein Zimmer betreten hatte, klopfte es schon.

«Kommen Sie», rief ich.

Die beiden traten ein.

«Nun?» fragten sie.

«Ich glaube, ich kann den Auftrag nicht übernehmen. Ich habe keine Erfahrung in solchen Dingen. Ich würde mich sicher sehr ungeschickt anstellen.»

Einer zog einen Revolver: «Hände hoch!» Mit der Pistole wies er auf Papiere, die er offensichtlich bei einer Durchsuchung während meiner Abwesenheit in meinen Koffern gefunden hatte.

«Das sind Teile meiner Akten», sagte ich. Es waren Abschriften von Transportbefehlen. Ich wurde in ein Gefängnis gebracht, verhört, geprügelt, wieder verhört. Ich sollte Namen nennen. Ich sollte Zentralen des polnischen Widerstandes aufdecken. Man lockte, man drohte, man beschwor mich.

Nach acht Tagen wurde ich nach Berlin gebracht, zur Verurteilung durch den Volksgerichtshof wegen Landesverrats. Der Prozeß dauerte drei Wochen. Was die Abschriften bedeuteten, die man in meinem Koffer gefunden habe? Warum ich überhaupt Abschriften bei mir hätte? Aber man konnte mir nichts nachweisen. Wegen «beabsichtigten Landesverrats» wurde ich zu zwanzig Jahren Zuchthaus verurteilt.

Das war 1940. Fünf Jahre saß ich ab, den größten Teil in Einzelhaft. Man traute mir nicht. Man hatte ein schlechtes Gewissen. Man begriff nicht, daß es nicht möglich gewesen war, mich eines einzigen konkreten Verschuldens zu überführen und damit dem Henker zu übergeben.

1945 wurde ich freigesetzt. Es gab keinen Krieg mehr und keine Gestapo und kein deutsches Ge-

neralgouvernement in Polen. Nach Bayern wollte ich zurück an meine Arbeitsstätte. Vielleicht
würde ich irgendwo meinen Freund Boris treffen.
Vielleicht könnten wir wieder zusammen «Fidelio» hören.

Ich kam in meine Heimat zurück, zu meinen
Vorgesetzten – viele neue Gesichter darunter. Ich
wollte meine alte Stellung. Man zuckte die Ach-
seln. Sie Ihre alte Stellung? Sie haben doch geses-
sen – wegen Landesverrats.

Das erste Mal, als man mir das sagte, war ich
so verwirrt – es verschlug mir die Sprache. Ein
Irrtum mußte vorliegen, man begriff wohl nicht.
Ich ein Landesverräter? Widerstand hatte ich ge-
leistet, Menschen hatte ich vor der Zwangsarbeit,
vor dem KZ, vor der Höllenmaschine auf einem
Emigrantenschiff bewahrt, und da nannte man
mich einen Landesverräter?

Aber Sie sehen ja: Jetzt habe ich es vom Minister schriftlich, mit Stempel und Unterschrift und
vollem Titel: «... die Tatsache, daß Sie amtliche
deutsche Schriftstücke einem Vertreter oder Angehörigen einer fremden Macht ausfolgten ...»
Ich habe Menschen geholfen, frei zu bleiben und
sich gegen ein Regime zu wehren, das die Welt
verknechten wollte. Das Regime ist nun tot, und
die Menschen leben. Und mich nennen sie einen
Landesverräter. Bitte, erklären Sie es mir. Ich

habe meinen Freund Boris noch nicht gefunden, vielleicht kann er es mir erklären. Vielleicht kann er mir erklären, warum ein Mensch, der einer solchen Teufelei Widerstand leistet, Landesverrat begeht. Ich fasse es nicht. Es ist manchmal so schwierig, den Kopf hochzubehalten.

Haben *Sie* eine Erklärung?

Die Wetzlarer Neue Zeitung *berichtete, daß in einer Gemeinde bei Limburg der Ortspfarrer während einer Sonntagspredigt ein paar ausgekochte Knochen unter die Anwesenden warf. Der Pfarrer hatte über die Hartherzigkeit der Eingesessenen gepredigt und dabei diese Knochen vorgezeigt, die eine Flüchtlingsfamilie als einzigen Anteil bei einer Hausschlachtung von ihren bäuerlichen Quartiergebern erhalten hatte.*

I LOVE YOU

«‹Sie sehen›, sagte Martin, ‹so behandeln die Menschen einander.› – ‹Es ist wahr›, sagte Candide, ‹etwas Teuflisches ist an dieser Sache.›»

Voltaire

Daß man nicht einschlafen kann – zum Wahn-
sinnigwerden. Alles andere, gut. Zu essen
hat man nicht genug. Zu heizen – mein Gott, die
Kohlenzuteilung dieses Jahr ist der reinste Staub.
Zu rauchen – reden wir gar nicht davon. Schließlich haben wir den Krieg verloren. Aber wieso
kann man nicht schlafen. Wieso? Weshalb kann
ich zum Beispiel nicht schlafen?

Wenn die bloß nebenan das Radio abstellen
würden! Die ganze Nacht geht das bei denen, als
ob sich das noch lohnte. Was kann man heute
schon hören? Jetzt sind doch wieder alle Sender
frei, ich sehe den Reiz der Sache nicht. Und immer diese Jazzmusik: I love you, I love you, I love
you! Soll sogar ein Buch geben, das so heißt. Dabei dachte ich immer, die Angelsachsen seien zu-
rückhaltend. Na ja, geht mich nichts an.

Wie spät ist es eigentlich? Mein Gott, erst halb
eins. Früher um diese Zeit hätten wahrscheinlich
die Sirenen zu jaulen angefangen, und dann raus

aus dem Bett und runter in die Volksgemeinschaft – das hat ja Gott sei Dank aufgehört. Aber schlafen kann ich deshalb doch nicht. Morgen um acht kommt der Gruber. Was soll ich ihm nun wegen der Stoffe sagen? Er behauptet ja selbst, man müsse mit der Geldabwertung rechnen. Und wenn die kommt, dann wäre ich doch verrückt, jetzt mit den guten Stoffen rauszurücken. Die andern tun's ja auch nicht.

Alle sitzen auf ihrer Ware und warten. Möbel kriegt man nicht, Schreibmaschinen kriegt man nicht, Schuhe kriegt man nicht – und ich soll der Dumme sein und meine Stoffe hergeben?

Ich sei asozial, behauptet der Gruber. Die Kriegsgefangenen, sagt er, kommen zurück und haben nichts auf dem Leib. Und da soll *ich* nun helfen. Ausgerechnet ich!

Ich hätte genug an Wehrmachtslieferungen verdient, behauptet der Gruber, die großen Posten Offiziersuniformen seinerzeit. Aber erstens, was geht das den Gruber an, und zweitens, was nützt mir das heute? Was mache ich mit dem vielen Geld? Die Wände kann ich damit tapezieren, wenn die Abwertung kommt. Ein Witz ist das!

Wenn man nur endlich einmal wüßte, wann es soweit ist! Man weiß ja heute nicht mehr, wie man disponieren soll. Devisen darf man nicht besitzen, na schön. Dürfen darf man vieles nicht.

Aber man ist ja so ein Idiot, man läßt sich alles vorschreiben. Hätte Mutter damals nicht das Schweizer Konto bei der Reichsbank angemeldet, wie wohl wäre uns jetzt, da könnten wir alle im Baur-au-Lac sitzen und echten türkischen Mokka schlürfen, statt uns den Magen an Ersatzkaffee zu verrenken.

Aber dem Gruber sage ich Nein morgen, ein glattes Nein. Mit dem seinen Beziehungen, der soll erst mal hingehn und dafür sorgen, daß die Mark stabilisiert wird, dann kann man weitersehen.

Vielleicht wird die Mark auch gar nicht abgewertet. In Nürnberg ist der Schacht ja freigesprochen worden, und auf den Schacht habe ich immer gesetzt, ein Business-Mann durch und durch, wenn der nur wieder in Amt und Würden wäre, da würde mein Geld schon wertbeständig bleiben. Ohne den Schacht hätten wir keine Aufrüstung gehabt, und ohne die Aufrüstung hätte einer wie ich nie so klotzig verdient – wenn der wieder eingesetzt wird, der läßt uns nicht im Stich, uns wird er schon wieder den Rücken decken, auch wenn er die Mark nicht decken kann. Da können sich die Herren vom Kontrollrat aber drauf verlassen!

«Steigen Sie in Edelmetalle!» hat mir einer gesagt, der gestern aus Berlin kam. Steigen Sie in

Edelmetalle: als ob das Platin auf der Straße läge!

Die Leute sind schon ganz verdreht mit ihren Spekulationen, aber ich lasse mich nicht verrückt machen. Ich denke nicht daran, und dem Gruber sage ich morgen Nein, und mit den Kriegsgefangenen, das interessiert mich überhaupt nicht.

Wenn die nur bloß nebenan das Radio abdrehen würden, daß man endlich schlafen kann. I love you, I love you, I love you! Typisch deutsche Gefühlsduselei, wenn's auch 'ne amerikanische Übertragung ist.

Morgen gehe ich auf die Bank und wechsle meine Tausender in kleinere Scheine. Tausendmarkscheine sind immer heikel. Wenn's zum Klappen kommt, sind die kleineren Noten leichter loszuwerden. Und dem Gruber sage ich: *Nein!* Ich bin einfach kein Wohltätigkeitsverein, fertig.

I love you, I love you, I love you! Wenn man bloß schlafen könnte!

Im Münchener Stadtanzeiger, *dem vom städtischen Informationsdienst herausgegebenen amtlichen Mitteilungsblatt, erschien in der Nummer vom 9. Januar 1947 in der Spalte «Wer ist in München gestorben?» die folgende Notiz:*
«Harder Franz, Schwarzhändler, 32 J.»
In seiner nächsten Ausgabe veröffentlichte der Münchener Stadtanzeiger *die folgende Berichtigung:*
«Zur Aufstellung der Sterbefälle im ‹Münchener Stadtanzeiger› Nr. 2 vom 9. 1. 1947 wird ergänzend mitgeteilt, daß Hans Joachim Harder (nicht Franz), geboren am 14. 7. 1914, am 18. 12. 1946 bei einer Schwarzhandels-Razzia im Hauptbahnhof von der Polizei auf der Flucht erschossen wurde.»

«Ich habe in New York zwei jüdische Schwäger. Ich
hoffe, daß ich mich in Amerika niederlassen kann.»
Der frühere SS-Chef von Warschau,
Erich von dem Bach-Zelewski,
in dem Gerichtsverfahren gegen den
Gestapo-Chef von Warschau

Wie steht's denn mit Ihren Plänen, Herr Doktor?»

«Ach Gott, man hat natürlich Schwierigkeiten.
Mit Peru, das wird so schnell nicht klappen. Ich
habe ja meiner Frau gleich gesagt: Mach dir nur
nicht solche Hoffnungen, Hilde. Sie wissen ja, wie
Frauen sind, immer viel zu optimistisch. Nur weil
wir seinerzeit den peruvischen oder peruvani-
schen – wie sagt man eigentlich? –, jedenfalls den
Generalkonsul von Peru in Bern kennenlernten,
als ich 43 für die I. G. Farben in die Schweiz fuhr,
um über Chemikalien zu verhandeln ... na ja, es
ist halt alles nicht so einfach.»

«Und die USA? Sie hatten doch einen Onkel
drüben?»

«Das geht auch nicht so leicht. Ich bin doch
seit 38 bei der SA gewesen, nicht verbrecherisch
natürlich, aber immerhin. Wenn man heute nicht

125

seinen KZ-Stempel auf dem Arm hat, hat man so gut wie gar keine Chancen.»

«Das verstehe ich nicht. Sie sind doch eigentlich überhaupt nicht belastet – SA, Herr Doktor, das ist doch beinahe schon politisch verfolgt. Ich meine vergleichsweise. Gibt es denn da irgendwelche besonderen Bestimmungen bei den Amerikanern? Das interessiert mich kolossal, ich habe nämlich auch eine Schwester in Cincinnati. Der soll's übrigens ausgezeichnet gehen, große Metzgerei.»

«Also, wie das nun im einzelnen ist, weiß ich, ehrlich gesagt, auch nicht. Die ganze Sache wird natürlich derartig bürokratisch, ich möchte sagen: fragebogenmäßig aufgezogen, daß man schon halb die Lust verliert, sich um die ganze Sache zu kümmern. Anstehen, Papiere ausfüllen und so weiter, es gehört wirklich heute eine gute Portion Idealismus dazu, seine Auswanderung zu betreiben. Überall stößt man auf Schikane, und dazu kommt noch die Dummheit unserer eigenen Landsleute, die es einem entweder nicht gönnen – Sie wissen ja, wie neidisch die Menschen sind – oder nicht kapieren, was man will. Neulich zum Beispiel traf ich einen alten Bekannten, einen gewissen Dr. Heilbrunn ...»

«Sie meinen doch nicht etwa den halbjüdischen Zahnarzt, der zum Schluß in Buchenwald saß?»

«Ja, den meine ich. Also den treffe ich da auf der Straße, und wissen Sie, was der zu mir sagt? Wieso wollen Sie eigentlich weg? sagt er zu mir. Können Sie sich vorstellen, wie jemand so dumm fragen kann? Also, Herr Dr. Heilbrunn, sage ich zu ihm, das ist ja nun wirklich eine komische Frage. Was soll man denn noch in Deutschland, in diesem Trümmerhaufen? Unser schönes Haus ist kaputt, unser bester Familienschmuck liegt bei den Russen, jetzt weiß man überhaupt nicht, was wird – da soll *ich* in Deutschland bleiben?»

«Sehr richtig, Herr Doktor, ganz meine Meinung.»

«Na ja, Sie und ich, wir verstehn uns ja. Sie waren doch auch in der Partei, wie? Da kann man ja offen reden. Die Sache ist doch die: Wenn's anders gekommen wäre, na schön, da hätt' man's ja aushalten können, da hätte der ganze Staat Peru einschließlich seines Generalkonsuls in Bern uns aus der Hand gefressen, aber zweimal den Krieg verlieren und dann noch mitmachen ... irgendwo gibt's da halt einen Punkt. Alles schön und gut mit der Vaterlandsliebe, und ich bin der erste, der Deutschland wieder groß sehen will, aber schließlich habe ich auch eine Verantwortung meiner Familie gegenüber. Hab ich nicht recht?»

«Gewiß haben Sie recht. Ich bin überhaupt dafür: nur raus! Je schneller, um so besser. Laß die KZler hier alleine wirtschaften, die sollen mal schauen, wie sie's schaffen. Übrigens, haben Sie sich schon wegen Liechtenstein erkundigt?»

«Liechtenstein?»

«Ja, ich habe so was läuten hören. Da soll es nämlich eine Möglichkeit geben, daß man die Liechtensteinsche Staatsbürgerschaft erwerben kann, für soundsoviel Schweizer Franken ...»

«Das ist ja hochinteressant. Nur mit den Schweizer Franken ...»

«Aber, Herr Doktor, jetzt bringen Sie mich nicht zum Lachen. Sie mit Ihren Beziehungen!»

«Das denken Sie sich so. Ich muß meine Devisen genauso schwarz kaufen wie jeder andere, alles nicht so einfach heute. Aber wenn Sie mir mal die Adresse geben wollen, wo man Näheres erfahren kann, wie lange es dauert und so weiter, da wäre ich Ihnen schon sehr verbunden. Für uns käme Liechtenstein natürlich nur als Sprungbrett in Frage, an sich viel zu begrenzt, das Land. Und dann überhaupt: weg aus Europa. Aber immerhin: Liechtenstein hin, Liechtenstein her, wir scheuen uns vor nichts. Nur raus aus Deutschland, wie Sie schon sagten, je schneller, je lieber.»

«Genau wie bei mir, Herr Doktor. Fabelhaft,

wie man sich versteht. Also, ich besorge Ihnen die Adresse, und Sie hören von mir.»

«Besten Dank, mein Lieber. Und auf Wiedersehen, auf baldiges Wiedersehen ... in Liechtenstein oder in Peru.»

Nach einer Meldung der DENA wurden in Bayern
während der allgemeinen Waffenamnestie im Frühjahr
1947 über 1000 Gewehre, 1700 Seitenwaffen,
570 Jagdgewehre und 1000 Pistolen und Revolver
abgegeben. Weiterhin meldete die Landespolizei
die Abgabe von 20 Maschinengewehren,
20 Maschinenpistolen, 3 Panzern, 21 Geschützen
und einem Torpedo.

HINAUS IN DIE FERNE (2)

«Ich, und ich möchte beinahe sagen Tausende junger
Deutscher kennen uns viel zu gut aus im Wurstkessel,
um auf die Phrasen hereinzufallen, die uns das heutige Deutschland bietet … wir wollen raus.»

Leserzuschrift an die Zeitschrift *Heute*

Wissen Sie schon? Man kann jetzt wieder Anträge stellen auf Auslandsreisen. Morgen
früh werde ich mir die Formulare besorgen.
Wenn's ginge, heute noch. Ich kann nicht schnell
genug raus. Nur raus aus Deutschland, was habe
ich hier noch verloren?

Wohin ich will? Ist mir egal. Chile oder Austra-
lien oder die Fidschi-Inseln, mir soll alles recht
sein. Nur weit weg vom Schuß, und ich *meine:*
Schuß. Ich will mal endlich leben, wo nicht ge-
knallt wird. Ich will mir eine Zukunft aufbauen,
eine ordentliche Zukunft – als freier Mensch, wie
man so schön sagt.

Hier in Deutschland ist ja nichts mehr zu ho-
len. Ein Massenschutthaufen, das ist alles. Jetzt
haben sie die Trümmer fein säuberlich aufgeräumt; in Dresden, hat man mir erzählt, sollen sie
sogar das Unkraut aus den Ruinen zupfen, damit

alles recht ordentlich ausschaut. Aber Trümmer bleiben Trümmer, und aufgeräumte Trümmer sind noch gespenstiger.

Sie meinen, ich solle nicht so zynisch sein? Das stehe mir nicht an als jungem Menschen? Waren Sie bei Stalingrad? Haben Sie im Dreck gelegen und Herrn Göring blöken hören wie ein Nebelhorn: «Stahlharte Nation ... junge Griechenkämpfer ...» Gewiß, das ist jetzt vorbei, aber der Nebel ist geblieben. Man tappt so durch die Gegend, man weiß nicht recht wohin.

Im Ausland wäre alles anders. Es wäre ein neuer Anfang. Man könnte das Alte von sich abschütteln und neu beginnen. Die Deutschen sind in der ganzen Welt bekannt als tüchtige, zuverlässige Arbeiter. Man kann sie hinstellen, wo man will, sie tun ihre Pflicht. Glauben Sie: wir würden uns überall bewähren. Was meinen Sie? Wir hätten uns im eigenen Lande nicht bewährt? Ja, gewiß, aber bedenken Sie bitte die Umstände. Bedenken Sie, was zu dem ganzen Schlamassel geführt hat. Ich bitte Sie: rollen Sie jetzt nicht wieder die Schuldfrage auf. Gewiß, es ist unser aller Schuld, und jetzt müssen wir es ausbaden, müssen wir es sühnen, wie es so schön heißt. Schuld und Sühne, Schuld und Sühne – sollen wir nun

Paul Klee, «Fliegersturz»

ewig verdammt sein, mit dem Kainszeichen auf der Stirn herumzulaufen, wie die Juden damals mit dem gelben Stern?

Sie sagen, wenn wir uns partout bewähren wollen, sollen wir's zu Hause tun. Nicht wahr, das meinen Sie doch? Ach ja, ich weiß. Die sprichwörtlichen Ratten, die das sinkende Schiff verlassen. Sie meinen, wir sollten bleiben. Wenn wir alle abhauen würden, wer bliebe dann, fragen Sie. Ist wohl was dran, aber wir haben doch schon genug Opfer gebracht, finden Sie nicht?

Die ganzen Jahre hindurch wurde uns eingepaukt, daß wir uns opfern müßten, für das größere Ganze. Und jetzt soll es so weitergehn? Ach bitte, machen Sie mir die Entscheidung nicht schwer. Denken Sie mal, wenn ich jetzt die Möglichkeit hätte, nach Uruguay oder Marokko zu gehen, da wollen Sie mich dran hindern? Könnten Sie's verantworten? Könnten Sie sich mit reinem Gewissen sagen: also den habe ich davon abgebracht, auszuwandern?

Sie bejahen es. Auf Ihrem Gesicht steht überhaupt kein Zweifel. Sie schauen mich so ernst und fest an, daß ich ganz unsicher werde in meiner Entscheidung. Und dabei war mir alles so klar: Deutschland ein Wurstkessel. Herumgedrückt wird man, herumgestoßen, durch den Wolf gedreht. Wo man hinkommt, sagt einer «Nein!», fragt nach Ausweisen, zweifelt, daß man die Wahrheit spricht. Und da sagen Sie: *nicht* fortgehen! Sie finden es unwürdig, an fremde Türen zu klopfen und zu bitten: laßt uns hinein? Zu betteln: befreit uns von dem bösen Deutschland? Man würde das bißchen Achtung, das man vielleicht noch vor uns hat, dann ganz verlieren?

Aber es ist doch alles so ausweglos hier, eine einzige Großanlage von Sackgassen. Was für Hoffnungen gibt es noch für uns, was für Möglichkeiten, wenn wir blieben? Ja, ich bin nicht ungeduldig, ich höre genau, was Sie sagen. Sie sagen: unser Land, das krank ist, wird sich nie erholen, wenn die jungen Kräfte, die es hat, moralische Stromsperre ansetzen. Alles schön und gut. Oder vielmehr gar nicht schön und gar nicht gut, aber zutreffend wohl. Und dennoch: wird man, wenn man geht, gleich zum Deserteur?

Und wieder sagen Sie, ich solle bleiben. Und wieder wollen Sie mich halten. Ob es so etwas gibt wie National-Klaustrophobie, unter der ein Mensch leiden kann?

Ich will es mir alles ganz ruhig überlegen. Ganz ruhig und sachlich. Und bleiben, wenn ich weiß, daß ich hierher gehöre. Aber, glauben Sie mir: es gibt Momente, in denen es einem sehr schwerfällt zu wissen, wo man hingehört. Und dies ist ein solcher Moment.

Im Postamt 8 in München wurde ein Telegramm mit dem Text «Herzlichen Glückwunsch zum freudigen Ereignis» beanstandet, da das Ereignis, zu dem der Glückwunsch erfolgte, nicht angegeben war.

Ich war schon immer dagegen.

Dafür sind wir nicht zuständig.

Herr Generaldirektor sind eben fortgefahren.

Haben wir nicht, und kriegen wir auch nicht wieder rein.

Man muß das Publikum nur anschreien, dann geht's.

Das sind bloß Schaustücke im Fenster.

Man muß die Beamten nur anschreien, dann geht's.

Ich war schon immer dagegen.

Hier bestimmen wir und nicht Sie.

Ich, als alter Antifaschist.

Umsonst sollen Sie's ja auch nicht machen.

Fragen Sie nicht so dumm.

Sonn- und feiertags, nachmittags sowie Dienstag, Mittwoch und Sonnabend vormittag kein Parteiverkehr.

Ich war schon immer dagegen.

Im Grunde war der Führer ein Idealist.

Können wir nicht machen, wir haben schon Aufträge fürs nächste halbe Jahr.

Schuld daran waren doch nur die andern.

Sind Sie angemeldet?

Ich, als politisch Verfolgter.

Haben Sie gehört: die deutsche Markenbutter geht jetzt nach Amerika.

Da müssen Sie sich woanders erkundigen.

Ich war schon immer dagegen.

Sind Sie vorgemerkt?

Zu rauchen habe ich auch nichts mehr. (Auf die Frage: Kann ich meine Schuhe reparieren lassen?)

Mein Herr, ich bin städtischer Beamter.

Kommen Sie später wieder.

Ob's bald wieder Krieg gibt?

Ich war schon immer dagegen.

Zu rauchen habe ich auch nichts mehr. (Auf die Bemerkung: Wann nehmen Sie wieder Kleider zum Reinigen an?)

Sind Sie hier Stammkunde?

Eine Schande, diese deutschen Mädchen, die sich mit den Amerikanern einlassen: alles nur wegen dem bißchen Kaugummi und Schokolade ...

Ich, als Angestellter der Militärregierung.

Vor nächstem Monat liefern wir nicht.

Die Amis könnten schon, wenn sie wollten.

Sind Sie Bayer oder Preuße?

Jawohl, Herr Obersekretär.

Ich war schon immer dagegen.

Zu rauchen habe ich auch nichts mehr. (Auf die

138

Bitte: Reservieren Sie mir doch zwei Karten für nächsten Sonntag.)

Was geht mich das an!

Du ju häff ä ssigarett?

Ich, als …

Tut mir leid, aber die Herrschaften trinken mitgebrachte Weine.

Haben Sie zufällig Beziehungen zu den Amis?

Das steht Ihnen nicht zu.

Wie belieben, Herr Regierungsrat?

Ich war schon immer dagegen.

BILDNACHWEIS

Die Bildvorlagen wurden uns freundlicherweise zur Verfügung
gestellt von der Sammlung Berggruen in den Staatlichen
Museen zu Berlin – Preußischer Kulturbesitz
© VG Bild-Kunst,
Bonn 1998